NÉSTOR OCHOA
Y BERNIE TORRENCE

LOS

7

PILARES

DEL éxito

• Honestidad • Generosidad • Trabajo duro • Humildad
• Planificación • Sentido común • Dominio propio

EL MEJOR MODELO
PARA TRIUNFAR
EN LA VIDA

Publicado por
Unilit
Medley, FL 33166

Edición: *Nancy Pineda*
Diseño de la cubierta e interior: *Alicia Mejias, BGG Designs*
Imágenes en la portada e interior, usadas con permiso © *2016, shutterstock.com*

Las citas bíblicas se tomaron de las siguientes versiones:
LBD: Las citas bíblicas señaladas con LBD se tomaron de la Santa Biblia, *La Biblia al Día*. © 1979 por la Sociedad Bíblica Internacional.

LBLA: Las citas bíblicas señaladas con (LBLA) son tomadas de *La Biblia de las Américas*®. Copyright © 1986, 1995, 1997 por The Lockman Foundation. Usadas con permiso. www.lbla.org.

NTV: La *Santa Biblia*, Nueva Traducción Viviente, © Tyndale House Foundation 2008, 2009, 2010. Usado con permiso de Tyndale House Publishers, Inc., 351 Executive Dr., Carol Stream, IL 60188, Estados Unidos de América. Todos los derechos reservados.

RV-60: El texto bíblico señalado con RV-60 ha sido tomado de la versión Reina Valera © 1960 Sociedades Bíblicas en América Latina; © renovado 1988 Sociedades Bíblicas Unidas. Utilizado con permiso.
Reina-Valera 1960® es una marca registrada de la American Bible Society, y puede ser usada solamente bajo licencia.

Producto: 495881
ISBN: 0-7899-2342-4
ISBN: 978-0-7899-2342-4

Categoría: Vida cristiana / Vida práctica / General
Category: Christian Living / Practical Life / General

Impreso en Colombia
Printed in Colombia

Contenido

Estás invitado a cambiar el mundo

Esta invitación muy especial es para ti.
Sueño con establecer los verdaderos pilares del éxito
y con ayudar a las personas a edificar sus vidas de adentro hacia
afuera, en lugar de solo crear una ilusión de perfección.
Sueño con aprender y proclamar los principios de Dios para el éxito.
Sueño con crear un Centro de Capacitación Universal que
permitirá formar y desarrollar un nuevo tipo de líder.
Al asistir a esta reunión, te darás cuenta de que el éxito
no se mide necesariamente con riquezas ni con fama,
sino con paz mental y realización personal.
Si de veras deseas el don de la sabiduría,
y si Dios ha preparado tu corazón
para recibir esta invitación, asiste, por favor.

Tu vida puede cambiar para siempre.

INTRODUCCIÓN

Un poco de historia

Bolívar, Ohio

La última reunión de la junta directiva acababa de terminar para una corporación única del Medio Oeste en Estados Unidos. Ya habían pasado quince años desde que este grupo de siete hombres empezó una sencilla publicación en Ohio. En los años que siguieron, la compañía había crecido hasta convertirse en la mayor editorial de su tipo en Estados Unidos. Un logro impresionante, teniendo en cuenta los obstáculos que tuvo que superar cada uno de los siete propietarios.

—Muy bien, caballeros —afirmó John con su manera de hablar directo al punto—. Esta es nuestra última reunión como compañía. Mañana se finalizarán los documentos a fin de completar nuestro compromiso de un año para la transición.

—¡Y qué año ha sido este! —dijo Ernie, un agradable y brillante director de mercadeo que se había convertido en una leyenda en la industria—. Cuando vendimos el año pasado, parecía que era lo "máximo" para nosotros. Sin embargo, descubrí que el dinero no lo es todo en la vida.

—Estoy de acuerdo —agregó Bob—. Solo que no es lo mismo cuando no haces las cosas "a propósito".

—¿Nos queda algún negocio importante que no se haya hecho aún antes de que terminemos la sesión? —preguntó John.

Bernie se levantó de la mesa redonda en el centro de la sala de juntas y se paró delante de los hombres.

—Sí, tengo una última cosa —dijo.

Entonces, abandonó por un momento la habitación y regresó con un gran baúl negro.

—Esta sala de juntas nos ha servido bien a lo largo de los años. Es un lugar espiritual. Aquí hemos reído, llorado, orado y recibido la mayor parte de nuestras estrategias empresariales, justo alrededor de esta mesa. Miren estas paredes —comentó.

Bernie abrió el baúl y lo colocó en el centro de la mesa redonda.

—Estas paredes nos hablan a través de placas, premios y cartas que durante estos últimos quince años acumulamos como equipo... un equipo comprometido.

> Todos estos hombres eran ahora millonarios antes de cumplir los cuarenta años.

Bernie era siempre quien al final tocaba el punto sensitivo para este grupo de empresarios. Comenzaron con nada, y hace un año vendieron su empresa por millones de dólares. Todos estos hombres eran ahora millonarios antes de cumplir los cuarenta años.

Todos, es decir, a excepción de John, que actuó como la figura paterna del equipo, el estadista de más edad.

—¿Qué pasa? —preguntó John.

—Amigos míos, creo que hoy deberíamos tener un funeral de nuestra compañía. Este último año tuvimos problemas a causa del diferente estilo de gestión de los nuevos propietarios. Hay una gran diferencia —continuó Bernie, mientras miraba a su alrededor a cada uno de sus socios—. Poco a poco estamos destrozando los principios que hicieron que nuestra empresa fuera un éxito. Nuestra historia no es una filosofía de administración, ¡tiene que ver con la vida! Nuestra empresa estaba viva, respiraba, era nuestra identidad, y ahora está muerta. Terminemos este capítulo de nuestra vida y sepultemos los últimos quince años con la dignidad que se merece esta maravillosa organización.

Bernie comenzó a quitar los diversos premios y placas de la pared en la sala de juntas, los envolvió en plástico y los colocó con esmero en el baúl forrado en terciopelo.

—Mira, Ernie —dijo mientras tomaba el último cuadro de la pared—. Esta es la invitación original que nos enviaste a cada uno de nosotros hace quince años. La invitación adjunta decía: «La Reunión de las Águilas».

Los ojos de Ernie se humedecieron mientras quitaba la invitación del cuadro. Un simple pedazo de papel que le hacía recordar los comienzos. Ernie leyó en voz alta las descoloridas palabras:

—"Estás cordialmente invitado a cambiar el mundo...". Ah, Dios —dijo Ernie—, ¡qué cambios hemos visto! De la pobreza a la riqueza. Los amo, muchachos. Gracias por venir a esta reunión hace quince años. Nunca seré el mismo.

—Tampoco yo —añadió Bernie, tomando la invitación y colocándola en el baúl negro—. La sabiduría construyó un palacio sobre siete pilares, y todos nos hemos convertido en pilares de fortaleza para los demás. Juntos hicimos hazañas en el pasado, y solo Dios sabe lo que nos deparará el futuro. Tengo un regalo para cada uno de ustedes.

Bernie estaba siempre espiritualizando las cosas, haciendo que todos fueran más despacio y aprovecharan el momento. Sus compañeros sabían que así era él y por eso lo amaban.

—La semana pasada, estaba pensando en nuestras vidas juntos. Empezamos nada más que con nosotros mismos. Sé que nunca será lo mismo para mí sin ustedes, y me puse a pensar en lo que cada una de sus vidas ha significado para mí en los últimos años. Soy un producto de su influencia y la bendición de Dios.

Bernie caminaba alrededor de la mesa, abrazaba a cada uno de sus socios como a un hermano y le entregaba una caja. Dentro de cada caja había un pilar de oro.

> Bernie comenzó a quitar los diversos premios y placas de la pared en la sala de juntas, los envolvió en plástico y los colocó con esmero en el baúl forrado en terciopelo.

—Fuimos los pilares del éxito. Dios nos usó de manera increíble como equipo. Hace quince años, reconocimos lo mucho que nos necesitamos los unos a los otros. Ustedes aceptaron mis puntos fuertes y perdonaron mis debilidades. Cada uno de ustedes tiene un don especial de carácter que cambió mi vida. Gracias por compartir sus dones conmigo.

> **Los siete hombres comprendieron el valor de este momento. Debido al final de una época, se pusieron de pie y se abrazaron.**

Los siete hombres comprendieron el valor de este momento. Debido al final de una época, se pusieron de pie y se abrazaron a sabiendas de que sus vidas estaban a punto de pasar por otra transición. John cerró la reunión en oración como lo hizo durante tantos años.

«Señor», empezó John, «cuando recibimos la invitación para "La Reunión de las Águilas" hace quince años, poco sabíamos que serían bendecidas nuestras vidas. Estamos agradecidos de que nos dieras el gran regalo... de los unos a los otros. Gracias, Dios, por estos hombres».

Al finalizar esta reunión, Ernie ayudó a Bernie a sacar el baúl.

—Quién sabe —dijo Ernie con una sonrisa infantil—. Tal vez algún día, en el futuro, ¡nos reuniremos de nuevo como águilas y cambiaremos el mundo!

—Siempre listos —añadió proféticamente John—. Dios nos utilizó como equipo una vez. Quizá lo haga de nuevo en el futuro.

Medellín, Colombia

Néstor Ochoa apretó con nerviosismo el botón «L» varias veces, aun cuando ya estaba iluminado. Las puertas del elevador se cerraron con lentitud, rodeándolo con una pared de espejos. Mientras el elevador descendía, Néstor contempló su propio reflejo y se ajustó la corbata. Un sonido peculiar de toque de campanas rompía el silencio al pasar por cada piso.

«Será diferente», decía Néstor en voz alta en el elevador vacío. *Tilín*. La campana sonó como si un participante en un concurso televisivo de preguntas y respuestas presionara el botón de tiempo.

«SERÁ diferente», repitió Néstor al mirarse con fijeza al espejo. *Tilín*. La campana interrumpió de nuevo como una cinta para aprender un idioma que lo obligó a repetir y volver a aprender el significado de una frase sencilla. «Será...». Néstor se detuvo, mirándose a los ojos, exhalando y limpiándose el sudor de la frente antes de continuar. *Tilín*. «Sé diferente». Néstor seguía repitiendo su mantra en el espejo del ascensor con la esperanza de convencerse de que lo que decía podría ser verdad. *Tilín*. «SERÁ diferente». Frustrado, sacudió la cabeza, se aflojó la corbata y comenzó a atarla de nuevo. *Tilín*. Volvió a respirar profundo y a exhalar con lentitud. Satisfecho con el nuevo y perfecto nudo de la corbata, un *tilín* final sonó y Néstor observó que las puertas del elevador se abrían desapareciendo su propio reflejo.

El elevador se abrió revelando el luminoso vestíbulo del hotel Dan Carlton en Medellín, Colombia. El sol de la mañana entraba por las ventanas y se reflejaba en los suelos de mármol del vestíbulo. El salón estaba a tope con el ruido de la gente. Néstor ya no estaba solo.

> El elevador se abrió revelando el luminoso vestíbulo del hotel Dan Carlton en Medellín, Colombia.

—¡Néstor! —lo saludó desde el otro lado del vestíbulo el fundador de la cadena de televisión *LifeDesign*, Federico Victoria. Esquivando los montones de equipajes y bandejas de café, se encontraron en el centro de la habitación—. ¡Buenos días! Estamos esperando con gran expectación tu charla de hoy. ¡Estamos listos para inspirarnos!

—¡Sí! ¡Qué bueno verte! —le dijo Néstor estrechándole la mano y tratando de reír de manera convincente. De nuevo, el sudor comenzó a rodar por la frente de Néstor—. Gracias por invitarme a dar esta charla.

—Bueno, ¡nuestro público está esperando! ¡Nada menos que la voz de una autoridad mundial en capacitación para el éxito! —le respondió Federico riendo y dándole unas palmaditas en la espalda a Néstor mientras caminaban hacia el centro de convenciones del hotel—. Hoy es el día que presentamos nuestra visión. Pronto toda América Latina sabrá que existe un verdadero sistema para la vida. Este es un día histórico para todos nosotros. ¡Le estamos enseñando a la gente cómo funciona la vida!

—Es un sistema simple para el éxito. Solo tienes que seguirlo —contestó Néstor quebrándosele la voz.

—A ti te dio resultado —le comentó Federico con admiración.

Néstor forzó una sonrisa aún mayor y se limpió el sudor. Los dos hombres siguieron caminando por el vestíbulo hacia el ala de conferencias. Néstor tomó un panecillo de una de las bandejas de las mesas de cortesía que bordeaban el pasillo. Lo puso en su bolsillo de la chaqueta y siguió caminando, mientras que Federico le daba un informe detallado del horario de esa tarde. Sin embargo, la voz de Federico retumbaba en los oídos de Néstor mientras se movían por la alfombra con ricos decorados. El pasillo se extendía ante ellos bajo el tintineo de las lámparas de araña.

Néstor agarró las migajas del panecillo en el bolsillo y su mente corrió a través de una presentación de diapositivas, de imágenes inquietantes de los últimos doce meses de su vida; su esposa empacando sus pertenencias mientras se mudaban de su casa de un millón de dólares para volver a Colombia, la expresión de horror en su rostro cuando le dijo que iba a cerrar sus tres compañías, los rostros fríos de los hombres del banco mientras embargaban sus dos autos.

Néstor apretó la mandíbula al recordar el alentador abrazo de su dulce madre después que se vio obligado a desalojarla del apartamento de sus sueños que le compró a fin de que viviera allí por el resto de sus días. Solo era cuestión de tiempo para que su desastre financiero personal alcanzara su imagen pública. El estómago de Néstor se le revolvió por el remordimiento. Era un hombre en grave riesgo. Sacando el panecillo del bolsillo, lo dejó al lado del teléfono de cortesía en la mesa justo fuera de las puertas de la sala de banquetes.

—¡Aquí estamos! —dijo Federico sonriendo y abrió las puertas a un salón lleno de caras sonrientes y luces de estudio.

> Néstor agarró las migajas del panecillo en el bolsillo y su mente corrió a través de una presentación de diapositivas, de imágenes inquietantes de los últimos doce meses de su vida.

Las cámaras filmaban el estruendo del aplauso mientras Néstor caminaba entre la multitud sonriendo y estrechándole la mano a la gente. Se abrió camino hacia el centro del escenario, donde le esperaban el podio y el micrófono. Respiró hondo y se paró allí a la vista de todas esas cegadoras luces centradas y expuestas justo sobre él. Cada rostro en la multitud, ahora en silencio, lo miraba con gran expectación. Néstor sentía que la garganta se le inflamaba y se le cerraba. Se secó la frente con una mano y con la otra mano buscó a tientas el nudo perfecto de su corbata.

Tomó otro aliento que le produjo náuseas y logró inclinarse hacia adelante para decir: «Soy la prueba viviente de que el éxito es posible». El micrófono amplificaba su voz a través del centro de conferencias que resonaba hasta en el vestíbulo de mármol. Por su forma de hablar, no estaba claro si eso era una pregunta o una afirmación. Néstor hizo una pausa. Hizo acopio de su fuerza y se quedó mirando a la audiencia como un animal herido listo para saltar. «Lo que quieras. Lo que sea que piensas que necesitas». Néstor hizo una pausa otra vez. Su mirada inmutable y su expresión en blanco. Y de repente, una sonrisa de estrella de cine cruzó por su cara «¡Solo hay que extender la mano y tomarlo! ¡La vida tiene un diseño!». La sala estalló en un aplauso ensordecedor.

Fuera de la sala de conferencias, en el pasillo vacío del hotel, sonaba el teléfono. Al lado del pan que abandonó Néstor, las luces del teléfono gratuito parpadeaban y sonaban. Una y otra vez. Sonando. Como un despertador persistente. Alguien llamaba. Sin embargo, nadie, ni siquiera Néstor, estaba allí para responderle.

El discurso de Néstor estaba lleno de conmovedoras historias y aforismos de motivación sobre el trabajo duro y soñar en grande. Contó la historia de su vida de cómo había vivido el sueño americano en Estados Unidos.

A los trece años de edad, Néstor emigró a Nueva Jersey con una gran determinación para trabajar duro y hacer una fortuna. Comenzó lavando autos, limpiando baños, trabajando como

> El discurso de Néstor estaba lleno de conmovedoras historias y aforismos de motivación sobre el trabajo duro y soñar en grande.

camarero y luego, al final, vendiendo autos. En poco tiempo, se convirtió en asistente del gerente del segundo mayor concesionario de Toyota en la nación. Desde allí se tituló en sistemas de Microsoft y cambió de lugares a fin de aprovechar la oportunidad de alta tecnología.

Cuando la burbuja inmobiliaria llegó a la Florida, Néstor fue uno de los primeros en comenzar a hablar del nuevo evangelio del éxito... la propiedad de la vivienda en Estados Unidos. El público en esa sala de banquetes del hotel Dan Carlton bebía cada palabra. Néstor les vendía su sueño y con esto lograba inspirarlos, aunque por dentro luchaba con las decepciones más difíciles de su vida. Era evidente que Néstor entendía cómo el éxito puede funcionar, pero lo que no podía decirle a la audiencia era que ya no comprendía por qué funciona el éxito. Y al contar solo parte de la historia, Néstor sabía que todo era mentira. Se sentía como una gran mentira que no podía dejar en claro.

> **Néstor alzó la vista confundido porque lo cierto es que Jerry dijo esas palabras con una sonrisa.**

Néstor terminó su discurso con la multitud cantando junto con él: «¡Lo puedes tener! ¡Lo puedes tener!».

Mientras Néstor se sentaba en la primera fila con el estruendo de los aplausos, metió la mano en el bolsillo vacío de su chaqueta. Buscó alrededor hasta que sus dedos encontraron las migas de pan que aún permanecían allí sin reclamar. Contó cada miga. Las giraba entre sus dedos, como si fuera por hábito. Y en vez de secarse un poco, se sentó allí sin expresión alguna permitiendo que le sudara la frente.

Federico subió al escenario y presentó el siguiente orador de una organización llamada La Red, un hombre de negocios estadounidense llamado Jerry Anderson. La introducción fue increíble. Con buenos modales, la multitud se calmó cuando un hombre guapo de rostro moreno, amplia sonrisa y ojos amables, subió al escenario. Sin embargo, en vez de gritar o saludar, por un momento se quedó humildemente de pie allí en el salón. Jerry fue amable, pero más reservado, casi reflexivo antes de hablar.

«No puedo prometer una vida fácil». Néstor alzó la vista confundido porque lo cierto es que Jerry dijo esas palabras con una sonrisa. «No tengo ningún canto ni ninguna frase pegadiza que resolverá sus problemas. Mi historia no es una de solo éxito. Mi historia es una de muchos fracasos, luchas y duras lecciones. Mi historia es una donde perseguí el nivel económico, la riqueza y el poder, pensando que esas cosas me harían feliz. En cambio, esas son solo cosas.

»Estoy aquí hoy para decirles que la esperanza existe y que es la clave del éxito. Así que ser un hombre de negocios ha cambiado mi corazón porque no solo he aprendido de mis éxitos, sino de mis fracasos también. Sé que la gente quiere esperanza, y sé lo importante que es la esperanza para un individuo, una organización o un país que están desesperados por la verdad y el cambio. La verdad es simple: Primero, Dios; segundo, la familia; y tercero, el negocio».

Por primera vez, el corazón de Néstor se calmó como si se disipara su tormenta interna de emociones. Néstor se inclinó hacia delante. Este era el mensaje que necesitaba. Y no podía entender cómo un hombre de Estados Unidos que apenas podía hablar español lograra expresarse con tal autoridad y conocimiento sobre situaciones de un país donde ni siquiera era un ciudadano. Jerry solo era un visitante, pero con todo su ser Néstor se inclinó y dijo en voz baja: «Sí». Esta era la verdadera motivación.

Jerry continuó: «¿Hay alguien en esta sala que no sea un éxito? ¿Hay alguien aquí hoy que es un fracaso? Yo lo soy. Fracaso todos los días. ¿Hay alguien en esta sala que no tiene todas las respuestas? ¿Estás desesperado por un cambio en tu vida, desesperado por un cambio en tu familia? ¿Hay alguien aquí que está desesperado?».

En la habitación reinaba el silencio. Jerry se quedó allí con una facilidad y una autoridad sencilla que carecía de gestos y signos de admiración. Como si las pausas y los silencios entre sus frases simples fueran de alguna manera poderosos por igual en sustancia. Algo se movía. Algo agitaba cada corazón en el salón.

> Néstor sacó la mano del bolsillo y se quedó mirando las pocas migas de pan enmarañadas en la punta de los dedos.

Néstor sacó la mano del bolsillo y se quedó mirando las pocas migas de pan enmarañadas en la punta de los dedos. Y fue como si una descarga

13

de electricidad se moviera a través de él y a través de la habitación. «Estoy desesperado», murmuró Néstor. «Lo estoy», dijo Néstor otra vez en voz alta y lo bastante fuerte como para que lo escuchara toda la audiencia que acababa de impresionar con su historia. En ese momento, cada sueño y cada oportunidad perdida, y cada éxito y cada acción fallida, se fundieron en su corazón en una colisión tan intensa que el residuo emocional fue una esperanza con energía. Se levantó una carga, y en medio de todos sus fracasos, Néstor vio la promesa de la esperanza para una solución. Esta fue la inspiración. Este fue el punto de referencia hacia la paz.

Jerry continuó y dio un testimonio personal de su fe. Néstor esperaba profundizar en las estrategias de negocio, pero Jerry habló de su vida con sinceridad y vulnerabilidad. Resultó sorprendente e innegablemente fácil de identificar. Habló acerca de cómo navegar por las luchas que se interponen en oposición a nuestro éxito.

Al terminar su discurso, Jerry presentó una última pregunta a fin de que se la hicieran todos en la sala: «Cuando te enfrentas a un problema, una oportunidad o cualquier transición en la vida, pregúntate: ¿Cuál de las siguientes respuestas vas a utilizar ante la adversidad? Estas son las opciones: "¿Qué debería suceder? ¿Qué podría pasar? O: ¿Qué sucederá?". Gracias por permitirme hablar con ustedes hoy».

Jerry bajó del escenario y se sentó en el asiento vacío junto a Néstor en la primera fila. Néstor extendió su brazo para estrecharle la mano a Jerry y logró murmurar estas palabras:

—Quiero lo que tienes tú.

Jerry le sonrió a Néstor. Y como Federico subió al escenario para presentarle a la multitud el siguiente orador, Jerry respondió:

—Hay una diferencia entre querer las cosas que tengo y querer lo que soy yo.

—Sí. Eso está claro —asintió Néstor con una sonrisa.

—Ya hablaremos —le dijo Jerry entregándole una tarjeta de visita.

A la mañana siguiente, en su habitación de hotel, Néstor despertó con el sonido del timbre de su teléfono.

—¿Sí?

—Hola, Néstor. Te habla Federico. ¿Recuerdas a Jerry ayer?

—Por supuesto —respondió Néstor todavía aturdido por el sueño y sentándose en la cama.

—Bueno, va a reunirse con un pequeño grupo en su casa de West Palm Beach. Creo que hay que ir. El fundador de La Red vendrá desde Ohio y tendrán la oportunidad de conocerlo. Están pensando en hacer algún tipo de capacitación. Creo que sería maravilloso si pudieras traducir algo de su material al español para nosotros. Nos encantaría hacer un programa sobre ética y liderazgo, y tú serías perfecto.

»La reunión es especial, y los entiendes mejor que yo. Necesitamos aprender cómo combinar los negocios con los principios de Dios.

Esas últimas palabras tenían la intención de tocar un nervio que Néstor dejó al descubierto entre sus colegas. La actitud de Néstor cambió con esta posibilidad; tal vez sería el cambio de ritmo que necesitaba... y en todo caso, se trataría de una nueva perspectiva.

> La actitud de Néstor cambió con esta posibilidad; tal vez sería el cambio de ritmo que necesitaba.

—Sería un honor representarte a ti y a *LifeDesign TV*, Federico.

—Eso es bueno, debido a que Jerry me preguntó en específico por ti. Dijo que ve algo en ti. Un verdadero potencial. Así que quiero que vayas, pero también quiero enviarte como representante de *LifeDesign TV*. Cuando regreses, quiero que hagas un programa de televisión semanal. El gobierno está promoviendo parte del plan de *Global Priority*. Tendrás que obtener el suficiente material para poner en marcha un nuevo movimiento. Podríamos alcanzar ese ángulo de los principios, pero asegúrate de conseguirme ideas sobre los valores, Néstor, no de la religión.

—Claro que lo haré.

Una semana más tarde, Néstor se encontraba en dirección a Estados Unidos para lo que se convertiría en una experiencia muy memorable. Un año antes, comenzó su viaje por el camino de la voluntad de Dios, y esto iba a ser otra cita divina. La parte que faltaba de una fe transformadora.

Sacando un hermoso diario de cuero que compró en Medellín, Néstor pasó los dedos por la cubierta en relieve. Esta no fue una compra ordinaria. Era muy caro y era el producto de verdaderos artesanos del cuero de Colombia que crearon una obra maestra de detalles y diseño. El diario tenía una gran bisagra de bronce que permitía el cierre de esta reliquia. Las páginas eran de papel de pergamino de alta calidad. Este era el tipo de diario que los capitanes de barco o los líderes militares habrían utilizado para un registro permanente de sus viajes y misiones. No tenía ni idea del tesoro que contendrían estas páginas. Un mensaje eterno de valor incalculable que podría influir en las generaciones. Del mismo modo que la vida comienza con una hoja de papel en blanco, Néstor abrió el seguro de bronce y empezó a escribir.

PRIMERA PARTE

*El descubrimiento
de la visión*

Un nuevo
COMIENZO

«He decidido considerar este viaje como un nuevo comienzo. En estos últimos meses, mi vida ha estado marcada por confusión, muchas dudas y preguntas. Así que dejaré de evitar, ocultar y poner estas preguntas a un lado. Esta ya no es mi táctica de combate. Me aferraré con fuerza a estas preguntas mías hasta que encuentre la respuesta. Intentaré dejar atrás mis fracasos y permitiré que me consuma una nueva esperanza. Sé que si hay que encontrar la verdad, la buscaré hasta que la encuentre. Necesito apropiarme del poder que trae transformación. Sé lo que es ser conformados a este mundo y ahora quiero ser transformado», escribí y dejé la pluma a un lado.

Cuando llegué al aeropuerto, el tráfico era ligero. Nada en absoluto a lo que sería en dos horas cuando comienza el movimiento de las ocho y la gente inunda nuestras autopistas, desobedeciendo las leyes y siendo insensible a las necesidades de los demás. No siempre pensé de esta manera, pero mis sentimientos han cambiado en este último año.

No solo luchamos con las presiones de los negocios, sino también con la corrupción del gobierno y del hombre.

19

Soy muy consciente de nuestra nación y de nuestra gente. Trabajamos muy duro, pero logramos muy poco. No solo luchamos con las presiones de los negocios, sino también con la corrupción del gobierno y del hombre. Mi esperanza se encuentra en el día de hoy, en este preciso momento que es eterno. Mis acciones y decisiones se toman ahora, y espero que hoy encuentre otra clave que me ayude a entender mi destino... nuestro destino... el futuro de América Latina.

Mientras me abría paso en la terminal del aeropuerto, una voz conocida surgió detrás de mí.

—¡Hola, mi hermano! —me saludó mi amigo Paul rodeándome en un abrazo como el de un padre. Nos conocimos en las reuniones de *Life-Design* y valoraba mucho nuestra relación—. ¿Adónde vas?

—Hoy voy a West Palm Beach.

—Hogar de ricos y famosos.

—En realidad, espero encontrar algunas respuestas para mi negocio o, lo que es mejor aún, para nuestra nación.

—Néstor, eso es maravilloso. Voy a orar para que Dios te enseñe.

—Gracias, creo que Él nos va a enseñar qué hacer con lo que sabemos.

Paul hizo una pausa por un momento y me agarró del hombro

—Néstor, hoy es el día de tu destino. Puedo sentirlo. Déjame orar por ti.

Nos alejamos del flujo de personas que se desplazaban y Paul dijo estas palabras:

«Oh, Dios... protege a Néstor mientras está en busca de la verdad. Ordena sus pasos, Señor, y confíale tu plan para el futuro. Camina con él a través de los próximos días de búsqueda; dale un espíritu dócil, la mente de un estudiante, y ábrele sus oídos a tus lecciones. Amén».

Le di las gracias a Paul y nos despedimos. Mientras me dirigía hacia el avión, sentí un renovado sentido de expectación por esta reunión con Jerry y su equipo.

«Oh, Dios... protege a Néstor mientras está en busca de la verdad».

• • •

20

West Palm Beach

Cada vez que entro a Estados Unidos de América me abruman, una vez más, los pequeños detalles de orden y civilidad. La organización del aeropuerto, por ejemplo. El hecho de que se respeten pequeñas cosas como los carteles de «Prohibido estacionarse». Envidio esas pequeñas bendiciones que existen en esta sociedad. Debo admitir que tampoco entiendo las diferencias en la forma en que nuestros dos países llevan a cabo sus negocios. Los Estados Unidos parecen ser bendecidos por Dios a pesar de sus acciones. ¿Qué es lo que hace que nuestras culturas sean tan diferentes? Parece que algunos norteamericanos pasan por alto nuestras necesidades en América Latina, pero son más ciegos aún a nuestros puntos fuertes.

Cuando llegué al bloque de apartamentos de Jerry en Juno Beach, me llevaron hasta una amplia sala de reuniones con vistas al océano. La placa en la puerta decía «Biblioteca Ejecutiva». Dentro había una sala de conferencias íntima con menos de veinte personas sentadas a su alrededor. Jerry me saludó y me invitó a tomar asiento. El líder de La Red, John Schrock, fue el primero en hablar. John era un hombre de unos setenta años. Su enfoque era intenso, pero su comportamiento era amable y accesible. Nos dio la bienvenida a la reunión y habló de la importancia de la honestidad y la integridad en los negocios.

«Mi primer gran éxito en los negocios fue aprender que hay una diferencia entre ser un hombre de principios y un hombre de valor».

Me sentí intrigado por estas palabras. John hablaba con el equilibrio perfecto entre la autoridad y el afecto.

John continuó: «Uno de mis primeros trabajos fue en una gasolinera. Me presenté al propietario y le dije que me gustaría un trabajo. Me respondió que no estaban contratando. Por lo tanto, le dije al propietario que me gustaría trabajar gratis», los ojos de John brillaron como si rieran. «Así que estuve de acuerdo en trabajar de forma gratuita durante treinta días. ¡Y me lo permitió! Sabía que era un hombre de muchos principios. Principios que han guiado mi ética de trabajo y de carácter. Y que estos principios elevaron mis acciones.

»Cuando la mente y el corazón se alinean, se valora el trabajo de las manos. Después de treinta días de trabajo gratuito, había dado muestras

Cuando la mente y el corazón se alinean, se valora el trabajo de las manos.

de que era un empleado valioso y me contrataron. Sabía mi valor. Estaba seguro de que era yo el que le había dado valor a la empresa. El mundo necesita hombres y mujeres de valor. Dios está levantando personas sabias y que trabajan bajo la aplicación de los principios. Principios que proporcionan respuestas para los negocios, la política y las naciones. Si vives y trabajas bajo la aplicación de los principios de Dios, ten la seguridad de que eres valioso».

Entonces John dijo estas palabras: «YA ES HORA... ¡¡¡Dios está trabajando en el mundo y Él va a hacerlo contigo o sin ti!!!».

El mensaje y la presencia de John fueron electrizantes. Bernie Torrence se levantó y habló acerca de la historia de La Red y las naciones que están recibiendo el mensaje.

«Estamos en más de cien países, pero por un gran margen, el mayor impacto está ocurriendo en América Latina, de manera específica en Guatemala y Colombia. Creemos que habrá instructores que se levantarán y declararán este nuevo mensaje de valores y principios. Hay una revolución que se está llevando a cabo en América Latina... es espiritual, económica y política... y creemos que se reproducirá en Estados Unidos».

Esto fue increíble. Había venido a esta reunión con una nerviosa emoción para encontrarme con estos exitosos hombres y no podía creer que fueran tan humildes y acogedores. Después que terminó la reunión, Jerry me recibió con un afectuoso abrazo.

—Néstor, me alegra mucho de que pudieras venir desde Colombia. ¡Gracias por venir!

—Gracias por invitarme.

—En realidad, creo que hay algo especial que vendrá de *LifeDesign TV*. Ya sabes, uno de mis dones es reconocer el potencial de las personas. He dedicado mi vida a la formación de la próxima generación de líderes. Creo que tienes un anzuelo en la boca y que te están atrayendo a este movimiento. Deberías pasar algún tiempo con Bernie y aprender de qué se trata La Red.

»Voy a concertar una reunión para ti y Bernie mañana por la mañana para tomar un café —dijo Jerry moviendo en alto el brazo tratando de llamar la atención de Bernie a través del salón—. Quién sabe, quizá seas tú uno de los capacitadores internacionales que hemos estado buscando. A la mañana siguiente, me encontré con Bernie para el café.

—Fue un placer verte anoche —comenzó Bernie—. Me encanta la cultura y la historia de América Latina. Nuestros países y continentes de América del Norte y del Sur deberían compartir una visión para todo nuestro hemisferio.

»A menudo —continuó Bernie—, los ciudadanos de Estados Unidos se refieren a nosotros como "americanos", pero hay más en América que solo Estados Unidos. Creo que Dios regula nuestro destino a la perfección.

—¿Qué quieres decir con exactitud cuando mencionas la palabra destino?

—Bueno —respondió Bernie—, Inglaterra quería colonizar con fines de lucro, pero los peregrinos y los separatistas querían el avance del Reino de Dios. Querían crear un lugar de libertad para confiar en Dios y honrar sus principios.

—¿Qué principios? —pregunté.

—Los principios. Las reglas de la vida. El Reino —continuó Bernie tratando de aclarar su jerga—. El problema con casi todas las iglesias es que son muy buenas en la enseñanza de la Palabra de Dios, pero no en los caminos de Dios. Cuando entiendes los caminos de Dios, caminas y actúas de manera diferente.

Al instante me acordé de mis luchas en casa, en la oficina, con mi familia y entre mis amigos. Sé que mis más sinceros deseos son caminar y actuar motivado por mi fe, pero un niño necesita que le enseñen a dar pasos y un actor necesita que le den un libreto.

Durante las siguientes dos horas, Bernie discutió lo que llamó «Los pilares del éxito», y me explicó cómo aplica estas verdades a su vida diaria.

—Dios no solo quiere darnos vida eterna, sino que quiere darnos vida aquí. Cuando conociste a Jerry Anderson en Colombia, viste su éxito e influencia. Hay otra cosa que deberías saber. Jerry fue la primera persona que tomó los pilares y creó un imperio de

> El problema con casi todas las iglesias es que son muy buenas en la enseñanza de la Palabra de Dios, pero no en los caminos de Dios.

negocios. Emplea a casi un millar de personas y lo dirige todo basado en los siete pilares.

»Ese es el mensaje que está llevando a las naciones. Él es un testimonio que camina, habla y vive demostrando que el sistema de principios y valores de Dios da resultado. Construimos nuestras empresas sobre los principios de Dios y han prosperado. Néstor, debes venir conmigo a Ohio y te presentaré a unos amigos que cambiarán tu vida.

Me senté allí durante las dos últimas horas escuchando sus historias, y en ese momento en el tiempo, mi mente no se detuvo a considerar nada. Antes de que pudiera pensar en mi pasaje de avión o en el informe de Federico, me oí decir:

—Sí, yo quiero eso.

Sé que la experiencia fue más allá de la lógica o del razonamiento normal. Era un momento destinado a que lo agarrara y apretara en los puños o uno que pasara por alto, perdiera y lamentara. Solo lo entiendo al decir que fue Dios. Nada más tenía el mundo por ganar, y con el corazón de mi país sediento de bendición y prosperidad, seguí y escuché. Cambié mi pasaje esa mañana. Estaba dispuesto a seguir esta historia a dondequiera que me llevara.

• • •

Ohio

Cuando llegué a Ohio, me dirigí a la oficina de Bernie en Bolívar. Un pequeño pueblo situado entre colinas y tierras de cultivo, pero cuán interesante es que el cartel del pueblo declaraba su herencia cuando le pusieron el nombre del libertador latinoamericano Simón Bolívar. Hoy en día, las liberaciones son pocas y distantes entre sí. La oficina de Bernie estaba llena de objetos de todo el mundo. Al darle un vistazo al mapamundi que cuelga junto a su escritorio, escuché la voz de Bernie.

> Nada más tenía el mundo por ganar, y con el corazón de mi país sediento de bendición y prosperidad, seguí y escuché.

—Nuestra comunidad se edificó sobre pequeñas empresas. Timken, Diebold, Hoover... todas eran pequeñas en sus inicios, justo en esta zona, pero hoy en día son internacionales. Nuestra empresa comenzó humildemente, pero no hay que despreciar los pequeños comienzos.

—Bernie, me enviaron a Estados Unidos para que hiciera un informe sobre los valores aplicables en los negocios, pero ahora me siento que vine con el fin de escuchar lo que Dios ha hablado sobre cómo está cambiando el mundo.

—Nuestra historia de éxito fue un verdadero milagro de Dios. Le damos la gloria. El éxito se puede medir de diferentes maneras. Nuestra empresa empleaba a más de novecientas personas, abarcaba doce estados y era la mayor editorial de su tipo en el país. Vendimos hace unos años —dijo Bernie parándose frente a una fotografía enmarcada de siete hombres sentados alrededor de una gran mesa redonda.

—¿Le echas de menos? —le pregunté.

—A las personas sí, pero ya era hora de pasar el testigo. Jerry y yo hemos estado trabajando juntos desde 1993 y estamos convencidos de que este es nuestro llamado. Jerry lo recuperó donde lo dejamos. Todos hemos estado juntos desde que éramos jóvenes. Hay muchos llamamientos en la vida. Creemos que Dios se está preparando para moverse a través de las naciones del mundo. Ya conoces a Jerry, pero deja que te presente a los otros.

Señalando hacia la fotografía de sus socios de negocios, Bernie continuó:

—Empezando por la izquierda, está Bob. Dirigió nuestra distribución, y es una de las personas más agradable que conocerás jamás. Luego está Ernie, un competidor innegable y de veras un vendedor legendario. A mi lado está JR... Él manejó nuestro departamento de colección. Después están Dennis y Ed, que jugaron un papel importante en nuestro equipo original, pero que ahora viven en California.

»Y luego está John Schrock. Ya escuchaste su conferencia en West Palm Beach. Es uno de los hombres más sabios que hayas conocido jamás. No solo tiene la capacidad de aprovechar nuestros dones

Hay muchos llamamientos en la vida. Creemos que Dios se está preparando para moverse a través de las naciones del mundo.

y ponernos en la dirección adecuada, sino que nos ayudó a establecer los pilares del éxito. ¿Entiendes mi frase de "Los pilares del éxito"?

Negué con la cabeza.

—Nuestra compañía tenía siete propietarios y cada uno tenía un don que nos permitió establecer uno de los pilares del éxito. Edificamos nuestras vidas sobre esos pilares, y John nos abrió el camino. En realidad, no sabíamos de los negocios hasta que conocimos a John. Fue hijo de un obispo amish y lo obligaron a dejar la escuela en el octavo grado. Sin embargo, él centró la mirada en las cosas importantes, y hemos aprendido un nuevo significado de la palabra "éxito".

Bernie se acercó a un gran baúl negro que estaba en un rincón de su oficina. Las bisagras estaban apretadas, pero se las arregló para liberar los cierres viejos, uno por uno. Viendo la tapa abierta, sentí que era testigo de la resurrección de una cápsula del tiempo, el descubrimiento de un tesoro personal que se preservó de cualquier daño. Mientras Bernie comenzaba a sacar con delicadeza las placas, cartas y fotografías, su voz habló con reverencia:

—Hace años estaba convencido de que la historia de esta empresa se le contaría al mundo, y siento que quizá tú seas parte de esta, Néstor.

Bernie me tendió un sobre sellado con las huellas del tiempo y de preciado contenido.

🙢

Viendo la tapa abierta, sentí que era testigo de la resurrección de una cápsula del tiempo, el descubrimiento de un tesoro personal que se preservó de cualquier daño.

—Esta es la invitación para "La Reunión de las Águilas". Este sobre te conseguirá una entrevista con John Schrock. ¿Tuviste la oportunidad de hablar con él después de la reunión?

—No, no quise hacerlo. Para ser sincero, me sentía intimidado.

— John es el hombre de éxito más accesible que conocerás jamás. Sin embargo, también es un hombre de negocios muy activo y ocupado. Sé que tenía varias citas programadas en la Florida, pero también sé que quiere conocerte.

Las manos de Bernie buscaron en el baúl otra vez y sacó una pieza de mármol blanco.

—Hace años que mandé a hacer esto como base para los pilares del éxito. Cada uno de mis socios posee un pilar que completará el monumento.

Extendí la mano y agarré el delicado marco, y sentí que mi respiración casi se detiene mientras leía el grabado[1]:

> ᴄᴏᴏ
>
> «La Sabiduría edificó su casa, labró sus siete pilares. Preparó un gran banquete, mezcló los vinos y envió a sus doncellas para que invitaran a todo el mundo. Un asiento les reservó a todos los simples y los que desean el don de la sabiduría sana y el juicio. Abandona tu necedad y comienza a vivir una vida de sabiduría. Aprende a ser sabio».

Bernie cerró la tapa de nuevo y me miró con fijeza a los ojos.

—Cada socio te mostrará una verdad sencilla y profunda. Esta es una invitación para recibir la verdad eterna —dijo mirando el amarillento sobre.

Estas palabras, tanto grabadas como dichas eran muy indirectas, y mirando hacia atrás me pregunté cómo fui capaz de comprender los acontecimientos que me rodeaban. Yo sabía que mi deseo de aprender me dirigía hacia adelante. Es cierto que cuando el estudiante está listo, aparece el maestro.

Bernie me dio las llaves de un auto de la empresa con un GPS y me envió a encontrarme con John para descubrir la visión en el primer pilar.

Nota
1. Basado en Proverbios 9:1-6 (NTV y LBD).

SEGUNDA PARTE

Los pilares
de la decisión

CAPÍTULO 2

El pilar de la

HONESTIDAD

Conducir a través del condado de Holmes, Ohio, era como entrar en una obra de arte. Las suaves colinas rodeadas de granjas bien cuidadas hacían de cada giro un nuevo retrato en una galería. Tenía una experiencia limitada de estos pequeños pueblos por los que pasaba. Sabía que los amish que vivían allí no creían en el uso de tractores, electricidad y autos, pero conducir de veras junto a carruajes y carros tirados por caballos al lado de la carretera era como retroceder en el tiempo un centenar de años. Me paré ante un gran cartel gris que decía: «Granja Amish de Schrock». Busqué en mi bolsillo el número que me dio Bernie para llamar a John.

—Hola, ¿se encuentra John Schrock?

—¿Puedo preguntar quién le llama?

—Mi nombre es Néstor. Soy de América Latina.

—¿Tiene una cita?

—No. En realidad, no —le dije.

Me concertó una cita para las seis de la tarde. Según mi reloj, apenas eran las cinco, así que decidí explorar un poco. Había leído algunos artículos sobre las comunidades amish en Estados Unidos, pero era muy intrigante experimentar de primera mano este estilo de vida.

Había leído algunos artículos sobre las comunidades amish en Estados Unidos, pero era muy intrigante experimentar de primera mano este estilo de vida.

Un hombre con barba enganchó su caballo a un riel cuando una mujer bajó de su carro y se dirigió hacia el edificio. Su rostro se ocultaba bajo la cofia que llevaba en su cabeza; caminaba con un sentido de modestia, moviéndose en silencio y de manera inadvertida para los demás. Decidí acercarme a este hombre con la esperanza de aprender más acerca de este lugar único.

—Discúlpeme, señor. ¿Tiene un minuto? —le pregunté.

—Claro que sí. ¿Cómo puedo ayudarlo?

—Mi nombre es Néstor, ¿trabaja aquí?

—No, mi hija sí. Ella se encarga de las flores y ayuda en la tienda de regalos.

—¿Conoce al propietario de este complejo?

Él acabó envolviendo el último clip de cuero alrededor del arnés de su caballo y me miró a los ojos.

—Claro, todo el mundo conoce a John. Su padre era el obispo en nuestra iglesia. John heredó mucho de su sentido común de su padre. Es un verdadero hombre de negocios.

—Apuesto a que su padre está orgulloso de él.

—Me imagino que lo estaría, pero el padre de John murió hace años. Eso fue mucho antes de que pudiera ver que John estaba bien. Sus padres se molestaron cuando salió de los amish. Por cierto, mi nombre es Jonás —dijo acariciándose metódicamente la barba gris que colgaba de su barbilla.

—¿Qué pasó? ¿Por qué se fue?

—John se marchó por razones religiosas. Estaba a punto de cumplir veintidós años cuando uno de sus primos, que ya habían dejado a los amish, le pidió a John que asistiera a una reunión de avivamiento con uno de esos predicadores de carpas.

»Sin embargo, tengo que decirle que de seguro John cambió después de eso. Dejó de fumar y de beber, y empezó a leer su Biblia.

—¿Acaso sus padres no vieron que todo este cambio era muy favorable?

—Bueno, nosotros los amish estábamos muy esperanzados con John. Pensábamos que sería un predicador como su padre. Su padre fue uno de los mejores predicadores por aquí. Cuando John dejó la iglesia, tuvimos que rechazarlo. Los de nuestra fe no hablan ni hacen negocios de compra o venta con él.

—Eso parece casi cruel —comenté.

—Tal vez sea así, pero creemos que la familia es muy importante. No se debe desear las cosas del mundo, pues te atrapan. Creemos que la Biblia dice que no nos conformemos a este mundo.

> Nosotros los amish estábamos muy esperanzados con John. Pensábamos que sería un predicador como su padre.

Podía sentir que arrugaba el entrecejo por incredulidad.

—No me puedo imaginar lo difícil que sería que lo despreciaran su iglesia, su familia y sus amigos. ¿Llegaron a hacer las paces?

—Nunca las hicieron. Cuando murieron su madre y su padre, John ni siquiera podía sentarse con su familia. Tenía que comer en el sótano. Aun así, creo que sus padres estaban orgullosos de él, pues hablaban muy bien de él y estaban contentos con su posición. Todos dimos por sentado que regresaría, pero se siguió yendo demasiado lejos.

Mis ojos se abrieron con curiosidad.

—¿Muy lejos?

Jonás se inclinó hacia delante y bajó la voz.

—Solo sé lo que he oído, pero dicen que comenzó a predicar sobre el "Espíritu Santo". Cuando John cree algo, ¡lo cree de verdad! John afirma que recibió el llamado de Dios y se hizo predicador. Le dieron una pequeña iglesia en el valle de allá. Chico, John se convirtió en la comidilla de la ciudad. Solíamos escaparnos y mirar a través de las ventanas.

»Algunos de los líderes de la iglesia estaban preocupados porque predicaba cosas que se supone que no se deben predicar. Su reacción fue muy audaz. Les entregó a los hombres una Biblia y les dijo: "Si ustedes no quieren que yo predique de toda la Biblia, ¡arránquenle las páginas que no le pertenece!".

Una sonrisa de satisfacción se mostró en la cara de Jonás mientras se apoyaba en un poste y se cruzaba de brazos.

—Poco después, se le pidió a John que se marchara.

—¿Qué hizo después? ¿Buscar otra iglesia que lo aceptara?

—No, él comenzó su propia pequeña iglesia y esta creció. La gente de todas partes empezó a ir allí. Una gran cantidad de la población local se opuso a la nueva iglesia, pero Dios debe haber tenido grandes planes para John porque de seguro que ha hecho cosas formidables —dijo, y con un rápido tirón en las riendas amarradas, Jonás le dio la vuelta a su caballo—. Lo siento, señor, pero necesito llegar a mi trabajo.

—Fue bueno hablar con usted, Jonás —lo saludé y vi cómo su cochecito se mezclaba entre la concurrida intersección llena de autos de turismo.

Mientras desaparecía el característico sonido de las ruedas del carro y los cascos de los caballos, me sentí más ansioso aún por reunirme con John de nuevo.

Una jovencita amish me dio la bienvenida y me ofreció una taza de café. Le entregué la invitación y decidí tomar asiento en una de las mesas para esperar la respuesta. Unos minutos más tarde, levanté la vista de mi café y vi que se abrían las puertas.

—Néstor, ¿de dónde sacaste esto?

Los ojos intensos de John buscaban en las diferentes mesas, y con el puño en alto, agitaba el sobre que contenía la invitación.

—Me lo dio Bernie. Me dijo que me pusiera en contacto contigo con el fin de recibir tu Pilar del Éxito.

Mientras John se acercaba a mi mesa, me di cuenta de que mi atrevida voz se debilitaba. De pie junto a mí, con sus ojos en el sobre que tenía en la mano, era obvio que su mente estaba enfocada y luchaba con alguna idea que le daba vueltas en la cabeza. Su expresión estaba entre una concentración total o a punto de estallar. Por supuesto, yo esperaba que no fuera lo último. El incómodo momento de silencio terminó cuando los ojos de John se volvieron a enfocar y me dijo:

—Estoy en medio de una reunión y tengo otra a las ocho, pero si puedes esperar quince minutos, dedicaré un tiempo para sentarme contigo.

> **Mientras desaparecía el característico sonido de las ruedas del carro y los cascos de los caballos, me sentí más ansioso aún por reunirme con John de nuevo.**

—Claro que sí —le contesté mientras John desaparecía de nuevo.

Sarah regresó con un poco más de café y le pregunté si John siempre estaba ocupado.

—Sí que lo está... Ya sea aquí, o de viaje, está enseñando —dijo sonriendo—. Tiene que trabajar mucho.

»¿Puedo traerte algo más mientras esperas?

—Con el café está bien, gracias.

Me senté allí durante otra media hora y comencé a preocuparme de hacerle perder el tiempo a John. A través de la ventana vi que, afuera en la colina, un amish parecido a Jonás luchaba para controlar los caballos que tiraban de él por el campo. Luchando por aferrarse a las riendas, el hombre siguió guiando la yunta mientras el arado empezó a romper la tierra. El camino ante él era un terreno de rocas y malezas, pero justo detrás, dejaba al descubierto una sola capa de fresco suelo marrón preparado ahora para las semillas. Su hábil control sobre esos caballos los mantenía mirando hacia adelante directo a la tierra salvaje. Me preguntaba si sabía el buen aspecto que le seguiría como resultado.

—Hola, Néstor. Lamento haberme tardado tanto tiempo —las palabras de John me estremecieron en realidad.

—Me disculpo por no tener una cita —le respondí.

—No hay problema. Voy a hacer tiempo para esto —dijo y puso su mano en el sobre de la invitación—. Así que, Néstor, ¿estás listo para cambiar tu mundo? Ahora te recuerdo de West Palm Beach.

—Mi mundo necesita un cambio. Estoy interesado en la "técnica" para poner algo en práctica. En la Florida me enteré de su "visión", pero no estoy seguro de que sepa qué es una visión.

Cuando me habló, parecía como si John eligiera con sumo cuidado cada palabra.

Cuando me habló, parecía como si John eligiera con sumo cuidado cada palabra.

—He visualizado cosas en mi mente. Estoy seguro de que tú las has visto también, excepto que quizá las llames ideas o imaginaciones. Todo el mundo las recibe, algunas personas actúan en consecuencia y esperan la bendición de Dios. A Dios le encanta bendecir a su pueblo. Tuve una amplia perspectiva justo después que nosotros siete decidimos vender nuestra compañía.

—¿Cuánto tiempo estuvieron juntos en el negocio?

—Quince años. Fue un negocio de milagro. Era el momento idóneo desde el principio hasta el final a través del proceso de venta. ¡Me encontraba sentado en el último piso del edificio Hartz Mountain en la avenida Madison, Nueva York, hablando con Leonard Stern!

Los ojos de John se dirigieron con rapidez hacia mí con la misma expresión intensa.

—Hablábamos sobre el éxito y la filosofía cuando el Sr. Stern se inclinó sobre el escritorio y me preguntó: "John, ¿qué es lo que más te mueve?". Uno de los hombres más ricos del mundo me preguntaba, a un amish con ocho años de educación, lo que más me motivaba.

—¿Qué dijiste?

—Me incliné sobre el escritorio y le dije: "Leonard, ¿de verdad quieres saber?". Me respondió: "Sí", y le dije: "Soy un creyente en Dios". Solo se recostó en su silla y dijo: "Me lo imaginaba".

La intensidad en el rostro de John desdibujó una sonrisa, y él sacudió la cabeza con incredulidad, como para explicar que era algo fuera de su control.

Era difícil de procesar, pues esperaba que me revelara con exactitud cómo había controlado los acontecimientos de su vida, pero actuaba como si estuviera sorprendido por su éxito. Era evidente que el crédito se debía a algo mayor que él mismo. Me quedé sin palabras. En realidad, este viaje se fue convirtiendo en uno de los más intensos de mi vida. Sueños, visiones y bendiciones de Dios, ahora me decía que este tipo de pensamientos lo reconocía Leonard Stern, uno de los más grandes empresarios en el mundo. Casi me había olvidado del todo por qué me envió Bernie.

—Escucha, John, cuando estuve con Bernie esta mañana, me dio esto —le dije y tomé el monumento de mármol de mi maletín y lo coloqué sobre la mesa junto a la invitación.

—Bueno —la presencia de John era de seguridad—, este debe ser el comienzo de la reunión. Bernie tenía razón. La historia de nuestra empresa se contará.

Sin otra palabra, John se paró y se marchó por atrás a través de la puerta de la cocina. Me senté preguntándome si acababa de olvidar algo. Antes de llegar a mis conclusiones, John regresó con una caja en sus manos. Sacó de la caja un pilar de oro en miniatura y lo encajó a la perfección en su lugar sobre el mármol. En la columna tenía grabada la palabra «honestidad».

John se aseguró de que estuviera preparado para escribir cada palabra en detalle antes de que declarara el significado de este pilar. Sus palabras las pronunció con cuidado, desde lo profundo de su ser, como si también estuvieran de algún modo grabadas en su mente y fueran incapaces de borrarse o deteriorarse con el tiempo.

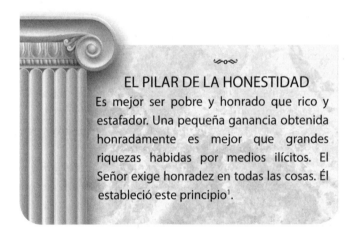

EL PILAR DE LA HONESTIDAD
Es mejor ser pobre y honrado que rico y estafador. Una pequeña ganancia obtenida honradamente es mejor que grandes riquezas habidas por medios ilícitos. El Señor exige honradez en todas las cosas. Él estableció este principio[1].

—La vida se compone de dos tipos de valores, Néstor. Algunos son negociables y otros no son negociables. Hay algunas cosas de mí que no están a la venta; mis asuntos no negociables. Uno de ellos es la honestidad. El verdadero éxito comienza con un corazón honesto.

»Recuerdo un día en concreto en el que fui a un banco para cobrar mi cheque de pago. Se cometió un error y la empleada del banco no solo me dio mi dinero en efectivo, sino que me devolvió mi cheque de pago también. Al instante, me di cuenta de que esta era una de las pruebas de los mandamientos de Dios. Estas son pequeñas pruebas que Él pone en mi vida para medir mi integridad actual.

John levantó la mano apuntando con su dedo al aire.

—Corregí el error de inmediato, devolví mi cheque de pago a la empleada, y ella me dio las gracias por mi honestidad.

»Al volver ese día a la oficina, llamé a una reunión y le conté la escena al equipo. Les expliqué que al mismo tiempo no solo tenía mi cheque de pago, sino también el dinero del banco. De inmediato, uno de los chicos me dijo: "¡Maravilloso, John! Lo mejor de ambos mundos. ¡Puedes tener tu pastel y comértelo también!".

»"Eso es lo que me temía" —dije—. ¿Cómo podemos esperar la bendición de Dios si tenemos corazones deshonestos? Dios tiene que confiar en ti con el éxito, y si no eres estable, el éxito te destruirá.

John esperó, permitiendo que mi mente y mi pluma fueran a la par.

—El dinero solo te hará más de lo que ya eres. Si eres un bebedor, el dinero te hará un borracho. Si tu problema son las mujeres, el dinero te hará un adúltero. Si eres deshonesto, el dinero te hará un ladrón.

—Ay, John —le dije—. Lo he visto de primera mano.

—Néstor, escucha a Dios. La ganancia deshonesta no trae felicidad duradera. Ese es el principio de la honestidad. Es así de sencillo.

> El dinero solo te hará más de lo que ya eres. Si eres un bebedor, el dinero te hará un borracho. Si tu problema son las mujeres, el dinero te hará un adúltero. Si eres deshonesto, el dinero te hará un ladrón.

John hizo una pausa y me preguntó si alguna vez había oído la historia de Josué.

—Josué fue un gran líder. Su trabajo fue guiar al pueblo y desarrollar su fe en Dios. Cada vez que Dios realizaba un milagro, Josué construía un monumento. Era un recordatorio del momento en el que solo Dios tenía la respuesta. Esa es la historia de nuestra compañía. Dios usó a personas comunes y corrientes para desarrollar una organización. La construimos en sus pilares del éxito y no en las ideas del hombre. Este pilar de la honestidad se estableció por primera vez cuando empezamos el negocio y de inmediato nos encontramos enfrentando tiempos difíciles.

John sonrió ante la idea de sus pobres inicios.

—Aquí estábamos seis vendedores salvajes y un amish intentando poner en marcha una editorial con siete mil dólares. Sin capital, sin experiencia, ni siquiera podía deletrear bien, pero tuvimos agallas y entusiasmo.

A estas alturas se reía y yo no podía dejar de unírmele a él.

—Me detuve en la oficina una mañana y Bob estaba se encontraba en estado de pánico. "John", me dijo Bob, "la compañía telefónica acaba de llamar para decirnos que van a cortar el teléfono si no pagamos la factura, y no tenemos dinero". Bob convocó a una reunión de emergencia. Los siete nos dimos cuenta de que éramos incapaces de pagar la mayor parte de nuestras cuentas. Se acumulaban las facturas por muebles, alquiler y teléfono, y todos estos muchachos estaban en la quiebra.

—¿Qué hiciste? ¿Les diste dinero?

—Hice lo que hago cada vez que enfrento un problema mayor que yo. Acudí a Dios. Me acerqué a la puerta de la oficina para cerrarla, y fue como si el Espíritu de Dios estuviera con nosotros en esa habitación. Les hice tres preguntas a los hombres: "¿Alguno de ustedes ha hecho algo deshonesto?". Me respondieron que no. "¿Alguno de ustedes ha actuado de manera inmoral o ha sido infiel?". Dijeron que no. "¿Están dispuestos a trabajar duro hasta que nos recuperemos?". Todos estuvieron de acuerdo.

»Por lo tanto, llamé a cada empresa a la que les debíamos dinero, les explique nuestra situación y les pedí un período de gracia. Todas las fechas de pago se extendieron.

Al terminar, había lágrimas en los ojos de John.

—Y no fue por mi elocuencia ni por mi autoridad. Dios estaba obrando con nosotros. Fue su favor.

John tomó el borde del deteriorado sobre debido a los años.

—Recuerdo el momento en que se escribió esta invitación. Hemos orado por la próxima Reunión de las Águilas. Esta podría ser, Néstor.

Mi duda minaba una vez más los pensamientos en mi mente.

—John, no puedo ver cómo pudiera ser bendecida mi nación.

—Permíteme preguntarte algo y no respondas con tu mente, sino con el corazón. ¿Eres feliz?

—A veces —le contesté.

—¿Crees que Dios te está guiando en tu camino?

—Ahora más que nunca antes en mi vida.

☗
En realidad, existen dos formas de dirigir un negocio, tu vida o tu país: A la manera de Dios o a tu manera.

—Bueno, entonces escúchame. En realidad, existen dos formas de dirigir un negocio, tu vida o tu país: A la manera de Dios o a tu manera. A ti te eligieron para escuchar este mensaje. Comienza aplicándolo en tu vida. Llévalo a tu país, debido a que estas verdades cambiarán la vida de las personas, independientemente de lo que hayan creído en el pasado. Estos principios ayudan a la gente a través de la presión de los cambiantes tiempos.

—Ese ha sido mi sueño desde que era joven y capaz de soñar.

—La verdad es eterna, Néstor. Nuestro éxito se basa en ella —John pasó los dedos por las letras cinceladas en la base de mármol—. Desear ser prudente.

—¿Quién escribió esta inscripción?

—El empresario más sabio que ha vivido jamás... el rey Salomón. La gente venía de todas partes solo para conocerlo. Cuando se graben estos pilares en tu corazón y en tu nación, ten cuidado de no profanar ni contaminar lo que ha hecho Dios.

Las palabras de John eran como una comisión llena de expectativas y sin dudas. Me dijo que fuera responsable, valioso y que actuara con verdadera integridad.

A continuación, conocería a Bob, a fin de recibir su pilar. Me despedí de John como un amigo. En las últimas horas que conversamos, nuestra relación pasó de ser simples conocidos a ser del reino de la verdadera hermandad.

Antes de ir a la cama esa noche, saqué mis notas y mi diario. Pasando los dedos sobre las palabras escritas que penetraron en el papel, le pedí a Dios que a través de estos escritos pudiera escuchar su voz. Sacando la base de mármol con el único pilar de oro de la honestidad, me quedé repitiendo esas palabras en mi mente y en voz alta. Yo trataba de tomar el cincel del artista y grababa en mi ser esas palabras y esos principios. Quería que mi alma fuera como el mármol de marfil preparado para la sabiduría de Dios.

Nota
1. Proverbios 28:6; 16:8, 11 (LBD).

CAPÍTULO 3

El pilar de la

GENEROSIDAD

En la recepción tenía un mensaje de John diciéndome que mi cita con Bob sería a las diez de la mañana. Me desvié en seguida hacia el pueblo, donde las calles de callejón parecían grietas en una enorme pared de hormigón. Por los recovecos de estas calles me encontré con algunas personas sin hogar que rebuscan en los contenedores de basura y que se sientan inertes contra la pared. Al observar esto, me di cuenta de la similitud entre nuestros países: siempre habrá personas necesitadas.

Al llegar al edificio de la oficina de Bob, su secretaria me recibió en la puerta y me condujo por los serpenteantes pasillos. Me sorprendió la magnitud de esta organización. La mujer me informó de que estábamos entrando en el departamento de mercadeo, y luego abrió la puerta a una gran sala de conferencias.

«Bob, Néstor está aquí para verte».

A continuación, me recibió el rostro amigable de Bob y una afectuosa bienvenida a su oficina. Me pidió que me sentara con él frente a su escritorio.

—John me llamó ayer y me dijo que recibiste la invitación.

Metí la mano en el maletín y saqué el monumento de mármol, junto con el precioso sobre. Bob sonrió y abrió un cajón de su escritorio para mostrar el mismo tipo de caja que John trajo de la cocina.

—Tengo esto para ofrecerte, mi amigo —dijo Bob mientras sacaba el pilar de oro y lo ponía junto al pilar de la honestidad.

Las letras grabadas formaban la palabra «generosidad». Bob asintió con la cabeza como si estuviera de acuerdo con algo que decían los dos pilares.

—El segundo pilar de la decisión es la generosidad.

Mientras continuaba, saqué mi pluma y comencé a escribir.

EL PILAR DE LA GENEROSIDAD

No seas vanidoso, seguro de tu propia sabiduría. Por el contrario, confía plenamente en el Señor y reveréncialo, y apártate del mal; si así lo haces, se te renovarán la salud y la vitalidad. Honra al Señor dándole la primera porción de todos tus ingresos, y Él llenará tus graneros de trigo y cebada hasta rebosar, y tus barriles de los mejores vinos[1].

Bob hizo una pausa con el fin de asegurarse de que yo escribía cada palabra como es debido, y luego continuó.

—John nos enseñó que una semilla permanecerá en estado latente hasta que se siembre en el entorno adecuado. Los pilares del éxito son las pepitas de la verdad que ayudan a crear ese ambiente; un entorno para que crezcan las ideas. Este segundo pilar se ocupa de desarrollar un espíritu enseñable y de aprendizaje para soltar.

—Bob, ya que estamos hablando de entornos, ¿cómo se empieza a tratar de controlar el ambiente de toda una nación?

—Se empieza con el individuo, a partir de ti mismo —respondió Bob.

—Sé que a menudo me siento frustrado con mis logros. Estoy cansado de solo hacerlo "bien".

—Me identifico con eso —asintió Bob—. Es como si sembraras mucho, pero recogieras poco. Tus ingresos desaparecen como si los pusieras en bolsillos llenos de agujeros.

»Aquí tienes lo que sigue diciendo el pasaje: "Esperan mucho, pero reciben poco. Cuando lo llevan a casa yo lo disipo de un soplo; para nada alcanza. ¿Por qué? Porque mi Templo yace en ruinas y a ustedes nada les importa. Su única preocupación es el embellecimiento de sus propias casas"[2]. Así es que se construyó mi pilar. Tuve estudios universitarios, pero me enredé en los afanes de la vida y el engaño de las riquezas. Tuve que darles las espaldas a mis deseos y aprender a depender de algo más que mi conocimiento intelectual. Entonces, Dios tuvo la libertad para edificar mi fe y confianza en Él. Cambié mi conocimiento por su sabiduría, y perdí mi propia vanagloria y confié en Él.

»De inmediato, pensé en mis experiencias en la escuela cuando estaba muy dispuesto a averiguar con exactitud cómo resolver todos los problemas del mundo. Estaba seguro de que una vez que tomara suficientes clases, estudiara suficientes libros y escuchara suficientes conferencias, entonces estaría preparado para asumir en lo personal mi tarea; solo y autosuficientes. La experiencia me ha enseñado lo contrario.

—Entonces, ¿hiciste caso omiso de todo lo que has aprendido? —le pregunté.

—No, pero primero tienes que reconocer que la sabiduría y los caminos de Dios son superiores, sin importar lo absurdo que quizá parezcan a tu lógica y razón. Usa tu mente y tu conocimiento de la experiencia y la educación como una contribución a lo que te enseña Dios. Sin embargo, tiene que ser en ese orden, todas las cosas parten primero de la fuente de Dios. Es como cuando estás escribiendo un

> De inmediato, pensé en mis experiencias en la escuela cuando estaba muy dispuesto a averiguar con exactitud cómo resolver todos los problemas del mundo.

artículo. Primero se requiere que definas el marco de trabajo general, y luego reúnas los materiales que respalden ese marco. Deja que Dios sea tu marco general y cualesquiera otras fuentes deben considerarse como factores contribuyentes. Si algo que aprendiste o experimentaste no sirve como material de apoyo en tu marco general, deshazte de eso y comienza a recopilar nuevo material que aporte.

Bajé la vista hacia mis notas garabateadas y percibí con mucha claridad uno de los obstáculos que me había hecho tropezar tantas veces en mi vida.

—Bob, creo que estos últimos años de mi vida los he malgastado al luchar para adquirir los conocimientos suficientes que alimentaran el apetito de mi orgullo.

—Desear el conocimiento no está mal, Néstor. Se convierte en mal cuando caemos en la ilusión de jugar a ser Dios, tratando de tener el control total de nuestras vidas y el engaño de creer que solo nos necesitamos a nosotros mismos para estar completos.

—Sé que "me alimentaba a diario de mi propia vanagloria" y sin importar cuánto me las arreglara para enfrentar los muchos aspectos del trabajo, las relaciones y la vida, siempre había algún aspecto fuera de mi control. Me daba cuenta de que mi mente no podía asumir la abrumadora tarea de resolver todos los problemas del mundo, y eso me conducía a la desesperación.

—La desesperación puede ser un buen lugar para terminar porque a Dios no le falta generosidad para otorgársela a sus hijos.

Bob se acercó y me dio una palmada en el hombro.

—Cuando puse a un lado mi vanagloria, tuve la libertad para establecer la segunda parte del pilar: "Honra al Señor dándole la primera porción de todos tus ingresos, y Él llenará tus graneros de trigo y cebada hasta rebosar, y tus barriles de los mejores vinos".

Mientras Bob hablaba, sentía que mi alma rebosaba de pensamientos y convicciones. En ese

Me daba cuenta de que mi mente no podía asumir la abrumadora tarea de resolver todos los problemas del mundo, y eso me conducía a la desesperación.

momento supe que tenía que renunciar a mi vanagloria y permitir que Dios tuviera el control total.

—Es mejor dar que recibir —continuó Bob—. Casi todas las personas creen que el éxito es externo, pero es interno en realidad. El éxito es saber que eres parte de algo mayor que uno mismo. La generosidad es la raíz de esa transacción. Nuestra compañía nos ha enseñado a dar en primer lugar. ¿Una estufa dice "Dame madera y te daré calor"? No, cuando le das madera, eres capaz de recibir calor. Ese es el principio de dar.

—Tales ideas parecen muy simples.

—Lo son, Néstor, y no permitas que tu mente le diga a tu corazón lo contrario.

Bob cruzó la habitación y sacó un libro de la estantería.

—Este es el crecimiento documentado de nuestra empresa. Mira estos gráficos. Nunca disminuyeron. Dios nos prosperó desde el momento en que lo distinguimos con todas nuestras primeras partes.

—Entonces, ¿debería empezar por dar dinero?

—No solo el dinero. Da toda tu vida. Nos convertimos en sacrificios vivos. Pusimos a Dios en la cabeza de nuestra compañía. Todas nuestras decisiones se basaban en los principios de Dios. Aprendimos las verdades más profundas imaginables. Le dábamos a Dios la primera parte de nuestra semana. Todos los lunes tratábamos de conocer y planear nuestras hazañas, contando con la dirección de Dios. Orábamos por nuestros clientes, le pedíamos a Dios que los bendijera y comenzábamos cada reunión en oración, con humildad y sin conflictos. Le ofrecíamos a Dios la primera parte de nuestros talentos. Cada uno de los propietarios tenía la libertad para que se dedicara a un ministerio personal por los necesitados; muchas veces durante las horas de la compañía.

»La primera parte de nuestros beneficios los pusimos en las manos de Dios. Cada año nuestra empresa desembolsaba dinero para nuestras organizaciones benéficas elegidas. Cada uno de los hombres era libre para canalizar recursos de la empresa

> La primera parte de nuestros beneficios los pusimos en las manos de Dios. Cada año nuestra empresa desembolsaba dinero para nuestras organizaciones benéficas elegidas.

en las áreas necesitadas. Después de eso, honrábamos a Dios dándole la primera parte de nuestros ingresos. Una vez dicho todo esto, ¿eres capaz de entender que Dios no toma, sino que da?

Levanté la vista de mi bloc de notas y asentí con la cabeza.

—Mira nuestro crecimiento —dijo Bob tendiéndome un gráfico que mostraba el ascenso constante de los quince años hasta subir al máximo—. Primero, estuvimos en las ciudades, después en los Estados, luego en la nación. Nuestras líneas telefónicas recibían llamadas de todos los Estados del país. Nos hicimos famosos y creo que sé en específico cuándo Dios honró nuestra fidelidad. Él nos dio órdenes de prueba.

—¿Qué es una orden de prueba?

—Es un momento frágil de la fe. Por lo general, una oportunidad para que coloques tus deseos personales ante el plan de Dios.

—¿Y tuviste oportunidades para negociar tu herencia?

—Por supuesto, Dios está haciendo un trabajo, y cuando te conectas a sus propósitos, Él bendice; no a los hombres, sino a la misión. La misión de Dios es que proclamemos el evangelio del Reino... su Reino, no el nuestro.

De pie, Bob colocó los informes anuales en el estante, llenando el vacío y poniendo en orden de nuevo la larga fila de libros.

—Bob, ¿eras siempre tan audaz en tus creencias?

Mientras Bob se sentaba de nuevo, acercó su silla a la mía y se inclinó hacia delante.

—No, yo no lo era, pero me encanta servir; ser parte de un equipo. Las horas no significan nada cuando te motiva un propósito. Mis primeros años de vida los dediqué a tratar de averiguar quién era yo. Sé que buscaba la verdad, y un amish, como John, me mostró cómo se deben dirigir a una persona y las empresas.

—Parece que todo lo que uno tiene que hacer es convertirse en amish.

—Eso parece —dijo Bob riendo—. Los amish son gente honesta que trabaja muy duro, y estas dos características son una parte importante del éxito. El nombre del hombre con el que hablé fue Abner, quien recibió una carta de una mujer de un pueblo cercano. Ella le pidió dinero a Abner.

—¿Una total desconocida que nunca había visto antes?

—Una desconocida en necesidad, Néstor. Dios había bendecido en lo económico a Abner y podía serle muy fácil enviarle dinero, pero en lugar de eso decidió visitarla personalmente. Me pidió que le acompañara. Mientras viajábamos esa tarde, le hice muchas preguntas acerca de su negocio y del éxito. Veía las cosas de manera muy sencilla y sin dificultades.

»Allí estaba yo, atrapado en los asuntos poco importantes de la fe. Luchando contra los principios de la evolución y la creación, estaba tan ocupado en ajustar a Dios en mi mente que me perdía los problemas más importantes. Para Abner, las cosas se mantenían simples, siendo capaz de fluir con el plan de Dios.

»Conducimos por más de una hora y por fin llegamos delante de una vieja choza que se tambaleaba sobre sus cimientos como un castillo de naipes. La mujer nos invitó a entrar; con sus ojos se disculpaba por su entorno. Su nieta estaba sentada a la mesa en la cocina y comía lo poco que tenían para la cena, no en platos, sino de una lata.

> Luchando contra los principios de la evolución y la creación, estaba tan ocupado en ajustar a Dios en mi mente que me perdía los problemas más importantes.

»Me dolía el corazón por estas personas. Abner le entregó a la mujer un sobre con dinero y le dijo que lo utilizara para pasar el invierno. Entonces, hizo algo muy sorprendente para mí. Invitó a la mujer para que fuera su invitada en una cena. ¿Te imaginas eso? Un multimillonario que no solo da su dinero, sino también su tiempo, su sabiduría y su disposición de que lo identificaran entre sus colegas con alguien en tal necesidad.

Sentado allí en la oficina de Bob, estaba sorprendido y conmovido. Mi país no es ajeno a mujeres como estas.

—¿Cómo se puede alcanzar tal amor incondicional?

—Cuando volvíamos, Abner me dijo que todos estábamos como esa mujer. Todos éramos personas necesitadas. Me dijo: "Hice por ella lo que se hacía por mí. Compartí el amor de Dios". Le dije a Abner que quería ser como él. Oramos juntos, y sus sencillas palabras y acciones de esa tarde, le decían mucho a mi corazón. Esto marcó mi nuevo comienzo.

No soy atrevido, Néstor. Solo estoy convencido. Convencido de lo que Dios ha hecho, puede hacer y hará cuando quememos nuestros puentes y confiemos en Él. He tenido muchos éxitos en mi vida, pero nada se compara con la experiencia de ver el toque del amor de Dios en los corazones necesitados de su pueblo.

Bob recogió el monumento de mármol y frotó los dedos por el grabado.

—Cuando pensamos primero en Dios y ponemos en práctica el pilar de la generosidad, Él es fiel. El éxito no es el conocimiento. Es un subproducto de la vida honrada.

Estas sabias palabras me hablaron con claridad, pero aún había algunas preguntas que necesitaban respuestas.

—Entonces, ¿por qué no todo el mundo tiene éxito?

—Recuerda, Néstor, hay siete pilares del éxito para nuestra historia.

El siguiente hombre que conocerás te va a responder esa pregunta. La mayoría de la gente puede planificar cosas, pero nunca las hace. Muchas personas oran pidiendo ayuda, pero nunca hacen por completo lo prometido en esas oraciones. Una persona tiene que estar practicando y trabajando de manera activa en todo momento.

> Estas sabias palabras me hablaron con claridad, pero aún había algunas preguntas que necesitaban respuestas.

Bob llamó a su secretaria al lugar y le preguntó si se sabía algo de la oficina de Ernie.

—Él está en la ciudad esta noche y puede reunirse con Néstor en su casa a las seis.

—¿Eso está bien para ti, Néstor? No quiero que te agotes físicamente.

—Trabajamos muy duro en América Latina —le dije oponiéndome a sus precauciones—. El tiempo no significa nada cuando vemos oportunidades, en especial para la verdad.

—Bueno, ya estás a punto de conocer a uno de los individuos que más trabaja en el mundo —dijo Bob entregándome el monumento y la invitación—. Dios te está bendiciendo, Néstor. Sé que estás destinado a estar expuesto a los pilares.

—Gracias por tu tiempo y sabiduría, Bob.

Nos dimos la mano y la secretaria me llevó una vez más a través de los pasillos. Mientras iba de regreso al hotel, me di cuenta de que no había mejor momento para comenzar algunos cambios prácticos en mi vida, así que me aventuré en las calles de callejón que vi en camino a la oficina de Bob. Pasar la tarde con las personas sin hogar me mostró de manera muy clara el papel de este segundo pilar de la generosidad. Es una verdad bien documentada. «Los ricos y los pobres tienen esto en común: Dios es el creador de todos».

Notas

1. Proverbios 3:7-10 (LBD).
2. Hageo 1:6, 9 (LBD).

CAPÍTULO 4

El pilar del

TRABAJO DURO

Mientras me encontraba una vez más de viaje, en lugar de volver la vista atrás a los callejones y los contenedores de basura, entré en un nuevo mundo rodeado de grandes propiedades con jardines cuidados a la perfección. Estas mansiones exigían la admiración que uno siente al entrar en una catedral. En América Latina, este tipo de casas son bastante comunes, construidas como en un oasis de riqueza, pero aquí no hay muros de seguridad ni guardias que vigilen de pie. El taxi aminoró la marcha con el fin de encontrar bien la dirección. A medida que avanzábamos por el camino de acceso, la hermosa casa de Ernie se extendía delante de mí con un patio y una entrada circular de ladrillo. Situada sobre una colina con vista a las demás casas de abajo, la casa de Ernie se asentaba como lo haría un rey sentado en su trono; ¡de veras magnífico!

Cuando me acercaba a la puerta de entrada, no esperaba que me recibiera un hombre vestido con un suéter casual y un par de pantalones vaqueros. Sin embargo, ahí estaba Ernie con su joven rostro y su amable sonrisa que reconocí por el cuadro en la oficina de Bernie.

—Hola, Néstor —me dijo tendiéndome la mano—. Es un placer conocerte.

—Gracias por recibirme, Ernie. Tienes una hermosa casa.

—¿Quieres verla? —me preguntó Ernie.

Acepté con entusiasmo la invitación y Ernie me condujo a través de un vestíbulo abovedado hacia un salón. Las ventanas en saliente captaban los verdes colores del jardín que se asentaba como un Edén oculto. Abriendo las puertas al otro lado de este salón, Ernie avanzó a la siguiente sección de su casa.

—Esta es el ala de recreo.

Estábamos parados en un balcón interior que daba a un impresionante atrio de tres pisos que incluye una bañera de hidromasaje, una sauna y una piscina bajo techo.

—Ernie, ¡esta habitación es más grande que la mayoría de las casas!

—Aquí entretenemos a muchos invitados. Es para que la disfruten mi familia y mis amigos. Creo que declara que Estados Unidos sigue siendo el país de las oportunidades y esa idea me motiva en realidad.

—Parece que has tenido la oportunidad, un éxito "logrado por ti mismo" antes de los cuarenta años de edad.

—Oh, no, Néstor. Si eso es lo que estás aprendiendo, te estás perdiendo toda la historia. Ninguno de nosotros lo logró por su cuenta. Crecimos y nos desarrollamos juntos. El éxito es un verdadero esfuerzo de equipo.

> Ninguno de nosotros lo logró por su cuenta. Crecimos y nos desarrollamos juntos. El éxito es un verdadero esfuerzo de equipo.

—¿Cómo te metiste en el negocio? —le pregunté mientras bajábamos por la escalera cerca de la piscina.

—Cuando tenía veintidós años, comencé a comprar propiedades de inversión. Mi filosofía era simple: la gente debe tener un lugar para vivir. Es una necesidad básica y he aprendido que si ayudas a las personas a obtener lo que quiere, te ayudarán a conseguir lo que quieres. Vamos a mi biblioteca.

Ernie me llevó a una habitación con paredes cubiertas de libros. Me encontré una vez más inspirado por la magnitud de estas habitaciones. Ernie debió reconocer la expresión en mi rostro porque agregó:

—Siempre he creído que un hombre debe tener un lugar al que quiere volver cuando llega a casa. Esta es la habitación más importante de mi casa. Es mi "sala de la sabiduría".

Nos sentamos en un par de sillas de cuero y continuó:

—Este es un lugar al que puedo escaparme para orar, leer, pensar, soñar, planificar y desarrollar.

Cada palabra la decía con clara distinción e importancia.

—Estoy de acuerdo en que hay algo que decir acerca de tener un rincón del mundo marcado como propio. Desde que era joven, a menudo deseaba un lugar bien iluminado en el que pudiera entrar en un ambiente de soledad. Aquí es donde vengo a creer... a creer que Dios hará lo que dice. A menudo me paso el tiempo en este entorno, ya que me recuerda lo que Dios ha hecho en mi vida. Tengo que recordarme a mí mismo lo que Él puede hacer y luego creer que Él hará lo que dice. El temor de Dios es el principio de toda sabiduría. Esta es una de las verdades más importantes que he aprendido. Deberíamos hacer planes, pero creyendo que Dios nos va a dirigir. ¿Estás de acuerdo?

—Sí, quiero aprender más acerca de conocer la dirección de Dios a fin de que pueda ganar confianza y caminar bajo su protección.

—¿Tienes el monumento y la invitación contigo, Néstor?

Abrí mi maletín y saqué el monumento.

—Parecen conceptos simples, ¿no es así?

—Simples sí, fáciles no —añadí.

—Néstor, mi pilar tiene que ver con el concepto del trabajo duro y la administración. Puedes hacer cualquier cosa con la bendición de Dios.

Después de retirar el tercer pilar del lugar donde lo guardaba, Ernie comenzó a hablar del conocimiento que recibió:

EL PILAR DEL TRABAJO DURO

La ganancia mal adquirida no produce felicidad duradera; la vida honrada sí. ¿Conoces a algún hombre trabajador? ¡Tendrá éxito y se codeará con los reyes! Los perezosos empobrecen pronto; los que trabajan empeñosamente se enriquecen. Trabaja con empeño y serás dirigente; sé perezoso y nunca triunfarás. El joven prudente aprovechará la ocasión; pero qué pena da ver al que se duerme y deja pasar la oportunidad[1].

Escribí con sumo cuidado cada palabra que compone este tercer pilar, y cuando Ernie terminó, le pregunté:

—¿Cómo el atributo del trabajo duro se convirtió en parte de tu carácter?

—Cuando era chico, mi familia vivía en una granja en Nueva York. Tenía hermanos y hermanas mayores que se burlaban de mí debido a mi tamaño. Me intimidaba bastante. Mi padre no era dueño de la granja, ¡solo la trabajábamos y quiero decir que la trabajábamos! Mi padre me enseñó dos grandes lecciones a medida que crecía: cómo ser un buen trabajador y cómo ser un empleado leal. Recuerdo que un día el propietario de las tierras llegó e interrumpió nuestra cena para pedirle a mi padre un favor. Siendo el menor, siempre quería pasar tiempo con mi padre, así que le seguí hasta la casa del dueño. El auto del hombre se había roto y mi padre tenía muchos conocimientos de mecánica, por lo que pasó la siguiente hora reparando el auto nuevo de este hombre. Me pareció que era nuevo solo porque todavía tenía un asiento trasero y dos espejos brillantes al costado. No podía entender por qué el hombre no lo podía arreglar. Empecé a quejarme con mi padre acerca de lo duro que trabajaba y cómo se le debería permitir que disfrutara de una cena caliente en paz. Mi padre, en su paciencia, se secó la frente y me dijo: "Hijo, cuando trabajas para un hombre, trabaja para él. No hables de él, trabaja para él". Mi padre trabajaba en esa granja como si fuera suya.

Mientras Ernie contaba los recuerdos íntimos de su infancia, no podía evitar sentirme honrado y fiable por todos estos hombres tan dispuestos y confiados para hablar conmigo de sus temores, errores y victorias. Ese conocimiento lo encontré valioso.

El rostro de Ernie tomó la expresión que uno tiene cuando recuerda algo. Los ojos se quedan fijos, el cuerpo permanece inmóvil y la mente ve con mucha claridad lo que no puede observar nadie más. El más mínimo movimiento podría romper el hechizo, sellando las imágenes en el ático de la mente de uno.

El rostro de Ernie tomó la expresión que uno tiene cuando recuerda algo.

—Cuando era muchacho, teníamos una camioneta picop roja. Durante el verano todos nos montábamos en ella para ir a nadar en la laguna sobre la colina. Esa era nuestra única forma de entretenimiento. Nos encantaba esa camioneta. Con mamá y papá en la parte delantera, y todos nosotros los niños en la cama de la camioneta, que era como nuestro carro, llevándonos a los lugares de nuestros sueños.

»Yo creía que la camioneta nos podía llevar a cualquier parte del mundo. Nos llevaba al pueblo donde mirábamos las vidrieras de las tiendas, nos llevaba a visitar nuestros familiares y nos llevaba a los lugares para nadar.

La voz de Ernie era serena y suave.

—Un día, dos hombres vestidos con trajes vinieron a la granja, pensé que eran amigos del dueño de las tierras, ya que se veían y hablaban como él. Lo siguiente que supe fue que iban conduciendo nuestra camioneta. Papá trató de explicarnos que no la estaban robando. Dijo que eran del banco y que tenía que devolverla porque no podíamos pagarla. Le supliqué que fuera a buscarla: "Papá, es todo lo que tenemos. Es nuestra, trabajamos por ella. ¡Es todo lo que tenemos!". Él solo me abrazó y trató de consolarme. Fue entonces cuando nos mudamos. Necesitábamos un nuevo comienzo.

A estas alturas, las lágrimas inundaban los ojos de Ernie.

—Yo no era el más grande ni el más inteligente, pero tomé la decisión de que nadie volvería a llevarme mi camioneta. A partir de ese momento, creí que con dinero no había que preocuparse de nada. Así que me propuse ser rico.

—¿Eso resolvió en realidad todos tus problemas? —le pregunté.

—No, aprendí acerca de la paradoja de las riquezas. Trabajé durante toda la escuela y ahorré dinero. Traté de ser el que trabajara más rápido y más duro dondequiera que iba. Tenía dos empleos y empecé a vender bienes raíces. Entonces, un día, alguien me dijo que podía hacerme rico con rapidez. Creí esa filosofía y me destruyó. Así que aprendí la primera clave de mi monumento: "La ganancia mal adquirida no produce felicidad duradera; la vida honrada sí". No hay tal cosa como un éxito instantáneo ni hacerse rico con rapidez. Si te estás haciendo rico con rapidez, lo más probable es que otra persona se esté haciendo pobre con rapidez gracias a ti. Es un proceso. El éxito pasará por ti antes de que llegue a ti.

»Luego, me enteré de la segunda clave: "¿Conoces a algún hombre trabajador? ¡Tendrá éxito y se codeará con los reyes!". En ese momento

No hay tal cosa como un éxito instantáneo ni hacerse rico con rapidez. Si te estás haciendo rico con rapidez, lo más probable es que otra persona se esté haciendo pobre con rapidez gracias a ti.

de mi vida, yo estaba en la miseria. Me mudé a un apartamento sin baño. Aun así, me negaba a darme por vencido. Conseguí un empleo de ventas que requería hablar en público. Me daba miedo pensar en ponerme delante de la gente, pero no renunciaría. Este deseo ardiente por tener éxito me movía hacia adelante. Justo entonces conocí a John Schrock.

Ernie me entregó una fotografía enmarcada que decía John, Bernie y Ernie. Era vieja. Todos tenían rostros más jóvenes y peinados anticuados. Los tres posaban como hermanos.

—Ese fue nuestro primer edificio de oficinas. John me conoció en medio de mi desesperación y me invitó a mudarme a su casa. Vi cómo trabajaba su familia. Me dijo que yo estaba experimentando una época de crecimiento y después me habló de la ley de la siembra y la cosecha.

—Palabras de un agricultor.

—Sí, ¡agricultor de Dios! John me presentó a otros hombres que Dios había bendecido al vivir con honradez. Luego, me presentó a los hombres que tenían una gran cantidad de dinero, pero que lo perdieron debido a la pereza.

—¿Eras creyente? —le pregunté.

—No, al principio no, pero un día estábamos en el garaje de John y fue mi momento. Le dije: "John, quiero lo que tienes tú. Necesito la paz que tienes, necesito un cimiento". John oró conmigo y yo entregué mi vida. Entonces me enteré de cómo Dios bendecirá tus esfuerzos si avanzas en su nombre. "Los perezosos empobrecen pronto; los que trabajan empeñosamente se enriquecen".

»Creí en ese principio de Dios y mi cielo comenzó a despejarse. Me convertí en uno de los diez mejores vendedores para mi empresa y desarrollé un amor por dar conferencias y la capacitación. Cuando entré en nuestro propio negocio, mis ojos se centraron en una misión. El objetivo era ir a nivel nacional con nuestras revistas. En esa época, estaba

EL PILAR DEL TRABAJO DURO

reconociendo la cuarta parte del pilar: "El joven prudente aprovechará la ocasión; pero qué pena da ver al que se duerme y deja pasar la oportunidad". ¡Había comenzado "La Reunión de las Águilas"!

—¿A qué te refieres con exactitud cuando dices reunión?

—Creía que nuestra compañía podría cambiar los corazones de los hombres. Se les podría brindar oportunidades a las personas basándonos en el deseo y no solo en la educación. En ese momento no me daba cuenta de la importancia de construirlo todo sobre los principios de Dios. Esto llegó a ser muy crucial. Hemos aprendido que a Dios le encanta bendecir a su pueblo. Lo he visto hacer milagros para nosotros. Yo estaba a la vanguardia.

»Sé cuán serio puede ser un negocio. Néstor, el éxito es temporal. A menudo, dejamos de entender los principios de la cosecha. Hay un tiempo para sembrar y un tiempo para cortar la maleza, un tiempo para regar y un tiempo para cosechar. Por eso, la Reunión de las Águilas es tan importante —dijo Ernie tomando la invitación sellada—. El contenido de este sobre es una parte del tiempo de Dios.

—Parece casi místico.

—Sagrado es una mejor palabra. Dios revela solo lo que nos puede confiar. He visto su obra, he probado los frutos y creo. Cuida de este sobre.

»Es obvio para mí que fuiste elegido, Néstor —me dijo Ernie dándome el monumento de mármol—. Estos pilares se construyeron en un orden preciso. Comenzando con un corazón honesto se aprende a dar y luego se alcanza la voluntad de trabajar duro. Cuando te reúnas con JR, podrás conocer el pilar de la humildad. JR tiene el deseo de servir a la gente. Ahora está trabajando en un proyecto especial. Siempre hemos sabido de su corazón por las personas mayores, y ahora parece que su objetivo se está actualizando. Voy a hacer algunas llamadas esta noche, y te informaré cuándo y dónde puedes reunirte con él.

Ernie me acompañó a través de sus jardines. Me dijo que empezara a establecer metas hoy y luego a creer que Dios me ayudará a lograr mis planes.

> Hay un tiempo para sembrar y un tiempo para cortar la maleza, un tiempo para regar y un tiempo para cosechar.

Al meditar en los tres primeros pilares esa tarde, me senté a procesar mis notas y escribí este pasaje en mi diario:

> La honestidad, la generosidad y el trabajo duro, tres pilares del éxito, tres pilares de decisión. Estos pilares no se deben insertar en las mentes de los hombres, sino grabarse en sus corazones. Dios nos ha dado la opción. Sin un código moral, una empresa se expondrá a sí misma a los problemas.

Tal vez sea eso lo que aqueja a nuestro país, nuestras arenas políticas y nuestro mundo de los negocios. ¡Vaya lío que eliminar!

Quiero ser un hombre de acción y valores. Estos principios fueron parte de Estados Unidos y parece como si optaran por dejarlos atrás. ¿Podría ser la voluntad de Dios usar a Latinoamérica para que se reconozca dónde está fallando Estados Unidos?

Me fui a dormir esa noche orando para que Dios siga sorprendiéndome con sus verdades. Dándole las gracias por el honor de ver obrar a su Espíritu.

Nota
1. Proverbios 10:2; 22:29; 10:4; 12:24; 10:5 (LBD).

CAPÍTULO 5

El pilar de la

HUMILDAD

A la mañana siguiente, recibí una llamada de Ernie, y a las diez en punto ya me encontraba en la obra de un gran proyecto de construcción. La estructura de madera del edificio principal estaba llena de trabajadores amish. La escena de unos cincuenta hombres martillando, elevándose en montacargas y perforando al unísono era como ver el movimiento orquestado. Cada hombre contribuía de forma individual mientras que todo el grupo trabajaba en secuencia. En cuanto un hombre levantaba las tablas, dos más ajustaban su colocación, mientras que un cuarto se movía para asegurarlas con clavos. Los observé por unos minutos hasta que un hombre mayor se acercó a mí.

—¿Eres Néstor? —me dijo con el mismo acento de Jonás, pero sin una barba gris colgando de su barbilla.

—Sí, estoy aquí para ver a JR.

—Mi nombre es Henry. JR es mi yerno —me respondió.

Henry giró la cabeza hacia uno de los trabajadores y habló usando palabras extrañas que no parecían en

> Cada hombre contribuía de forma individual mientras que todo el grupo trabajaba en secuencia.

inglés, solo pude reconocer el nombre de JR en la frase. El muchacho amish se fue en seguida hacia la estructura del edificio.

—¿Eres el supervisor en este proyecto? —le pregunté.

—Sí, empezamos a construir hace un año y esperamos terminarlo en unos meses. En realidad, mi equipo sabe cómo trabajar.

—Puedo darme cuenta; es como ver un espectáculo artístico.

El muchacho amish volvió y habló con Henry. Este le sonrió y le dijo algo a cambio.

—¿Qué idioma estás hablando?

—Holandés de Pensilvania. Los amish hablan inglés y alemán. Lo trajeron consigo a Estados Unidos, pero ahora se ha evolucionado.

—Dijo que JR estaba en el cuarto de atrás. Vamos.

—Entonces, Henry, ¿JR está casado con su hija?

—Sí, ha sido maravilloso verlos crecer juntos. Después que se casaron, empecé a tener algunas dudas sobre él. Siguió experimentando con diferentes iglesias, con la Nueva Era y la meditación. Parecía que cada semana asistía a una nueva iglesia.

Caminamos a través de la estructura de madera y entramos en un ala terminada del edificio.

—JR tiene un verdadero amor por la música. Creo que puede tocar unos quince instrumentos diferentes.

Al llegar a la zona de oficinas, Henry se detuvo para recoger algunos clavos dispersos y piezas de madera. Encontramos a JR en la parte administrativa, solo, leyendo un libro devocional.

—Oye, JR. Néstor vino a verte.

JR puso su libro a un lado y se levantó para estrecharme la mano.

—Bienvenido, Néstor. Es muy bueno conocerte. Henry, ¿le mostraste el lugar?

—Solo a través de esta ala, JR. Parece que vamos a estar listos para los electricistas que vendrán el fin de semana, incluso con el retraso. Voy a volver con el personal. Me agradó hablar contigo, Néstor.

—Déjame mostrarte un poco las instalaciones —dijo JR—. Nos estamos acercando a la fase final de este proyecto de construcción y de veras ha sido increíble.

—Entonces, ¿este será un hogar de jubilados?

—Sí, vamos a crear un ambiente donde se suplan las necesidades de las personas de edad avanzada, pero lo que es más importante, queremos ofrecerles la guía y la seguridad espirituales que necesitamos todos.

Dado que el proyecto se completaba en secciones, el complejo en general revelaba el proceso involucrado en el acabado de un nuevo edificio. Estábamos de pie en el ala terminada por completo con los toques finales, como el mobiliario, el papel de pared, los accesorios de las puertas y ventanas, y las alfombras.

Sin embargo, cuando entramos a la siguiente sección, faltaban estos detalles mientras se revelaba la estructura esencial en su esqueleto. Las paredes blancas rodeaban los suelos de madera y los enchufes eléctricos dejaban ver los cables. Se produjo el cambio más drástico cuando entramos en la última división del proyecto que acababa de comenzar la construcción. Era una reproducción exacta del ala de habitaciones terminadas de JR, solo que estaba desmantelada hasta la estructura misma y los cimientos de cemento al descubierto. JR se puso de pie al lado de una gran viga sólida.

—Esta es nuestra viga de cimentación. Hace alrededor de una semana, Henry se dio cuenta de que algunas de las vigas de apoyo estaban fuera de medida y necesitaban ajustes. Cuando volvió a mirar con mayor detenimiento, el problema estaba justo aquí. Esa viga estaba mal. Tuvimos que desmontar toda la estructura y arrancar de raíz ese cimiento con el fin de corregirlo. Eso significaba empezar de cero porque no se puede corregir una base débil cubriéndola con una red de apoyo. Siempre cederá en algún lugar.

—Se parece mucho al concepto de sus pilares para el éxito.

—Tienes razón, así es. Los pilares tienen que ser sólidos y estar derechos en el caso de que se vaya a construir sobre ellos, ya que todo el peso recae en gran medida sobre esos pilares.

> Dado que el proyecto se completaba en secciones, el complejo en general revelaba el proceso involucrado en el acabado de un nuevo edificio.

> Los pilares tienen que ser sólidos y estar derechos en el caso de que se vaya a construir sobre ellos, ya que todo el peso recae en gran medida sobre esos pilares.

—JR, tus socios me dieron tres pilares. Cada uno implica tomar decisiones específicas que deben realizarse con el fin de seguirlas. Mi sincero deseo es ver que Dios bendice nuestras empresas y naciones.

—Mi pilar tiene mucho que ver con la manera en que debemos conducirnos con las bendiciones de Dios, y al igual que los demás, involucra el empeño en tomar las decisiones adecuadas —dijo JR entregándome su pilar.

EL PILAR DE LA HUMILDAD

La humildad y el respeto hacia el Señor llevan al hombre a la riqueza, a la honra y a una larga vida. Cuando el hombre procura agradar a Dios, Dios hace que hasta sus peores enemigos estén en paz con él. Ya que el Señor dirige nuestros pasos, ¿por qué tratar de comprender cuanto ocurre en el camino?[1]

JR extendió el brazo y se apoyó en la viga de cimentación.

—Este es el principio de la sumisión. Por eso los pilares significan mucho. Es un proceso lento, pero Dios es constante en sus caminos. Cuando nosotros como empresa tomamos la decisión en la sala de juntas de servir a Dios, era evidente para todos que Dios bendeciría nuestras vidas.

Seguí a JR, pues empezó a caminar hacia las oficinas terminadas.

—¿Cuál era tu función en la empresa? —le pregunté.

—Atendía los cobros.

Esto era un poco confuso.

—¿Tú estableciste el pilar de la humildad y eras el que cobraba las facturas? Eso parece como dos funciones en conflicto.

—No necesariamente. Creo que "es mejor ser un pobre humilde que un orgulloso rico". Debido a que "el hombre que quiera proceder correctamente recibirá rica recompensa; pero el que busque enriquecerse, rápidamente, fracasará"[2].

—Los únicos cobradores que he conocido han sido implacables.

—Bueno, ¡yo diría que hacen mal su trabajo! Cuando crecía nuestro negocio, atravesamos tres recesiones económicas. Dios nos bendijo en gran medida en medio de cada una de ellas. Nos dimos cuenta de que, con el fin de ser eficientes, íbamos a tener que trabajar con nuestros clientes. Mi trabajo consistía en entablar una relación con nuestros clientes, manteniendo el flujo de caja de la empresa. A veces era un poco difícil, pero siempre lo vi como un ministerio.

—¿Cobrarle dinero a la gente como un ministerio? —le pregunté, pues este concepto era difícil de entender.

—Por supuesto que sí —me explicó con paciencia JR—. Cuando las personas sufren por falta de dinero y no pueden pagar sus cuentas, son vulnerables. Eso hace que estén muy dispuestas para el toque de Dios en sus vidas. Déjame que te cuente una historia.

»En nuestra ciudad, tuvimos una gran cuenta. El propietario tenía mucha ambición, pero cuando llegó la recesión, la compañía estaba luchando para llegar a fin de mes. Su cuenta se convirtió en morosa, así que fui a reunirme con él. Antes de que pudiera saludarlo, me detuvo diciendo: "JR, las cosas están muy difíciles, no tiene sentido que te aparezcas por aquí. Me estoy esforzando al máximo. Tengo un nudo en el estómago por eso". El hombre abrió el cajón de su escritorio mostrándome un montón de pastillas. Me dijo: "Por favor, no le añadas a mis presiones, pues estas pastillas no me ayudan como deberían hacerlo".

JR levantó los brazos en el aire como si fuera a decir que se rendía con las manos vacías y continuó:

—Me invadió un sentido de compasión. Le dije que no estaba allí solo para cobrar el dinero. En primer lugar, quería que supiera que era un valioso comprador y cliente de nuestra empresa, y entonces le dije que conocía a alguien que podría aliviar sus presiones. Me preguntó el nombre del médico, así que le hablé acerca de un hombre que me enseñó que una carga podría ser ligera.

> JR levantó los brazos en el aire como si fuera a decir que se rendía con las manos vacías.

»Le expliqué que estábamos haciendo más dinero durante la recesión que el que hicimos en tiempos de prosperidad, pero solo porque Dios era nuestro proveedor y suplía nuestras necesidades.

»Ese día oramos juntos y sucedió un milagro. Él y su mujer comenzaron a tener sueños en la noche. Aprendieron cómo contratar a las personas y cómo hacer contactos con clientes valiosos. No solo se abrió paso a través de la recesión, sino que esa empresa ha crecido de manera fenomenal. Él le da el crédito a Dios por hacer lo imposible. Tenemos el llamado a servir y por eso es importante la humildad.

Era fácil sentir la pasión de JR por servir y su compromiso de trabajar con humildad. Hablaba de corazón. Entonces, saqué el monumento que me dio Bernie y JR me lo intercambió con el pilar de la humildad.

—Está empezando a verse un poco más equilibrado ahora. Este es el último pilar de decisión. Espero que te sirva bien.

—Creo que así será, JR. Vivo en un país que está pidiendo a gritos la ética del carácter. Sin duda, hemos hablado lo suficiente acerca del gobierno, de la sociedad y de los cambios. Quiero empezar a funcionar con una base sólida.

> ⊕
> **Era fácil sentir la pasión de JR por servir y su compromiso de trabajar con humildad.**

—Es igual que la viga del cimiento. Todo lo que construyes descansa en los cimientos para sostenerlo. Si sus viejos pilares están agrietados o fuera de lugar, tendrás que cambiarlos. No es fácil reestructurar y volver a empezar, pero vale la pena.

—Entonces, ¿a cuál de tus socios debo llamar ahora?

—Bernie hizo los arreglos para un vuelo a California. Vas a conocer a Ed y Dennis. Son ejemplos vivos de las decisiones que tomamos en la encrucijada de la vida.

—¿California?

—Sí, solo serían dos días, ¿estaría bien para ti?

—Sí —le respondí.

JR puso su brazo alrededor de mi hombro diciendo: «Dios, levanto a este servidor tuyo. Sé que está aquí en una misión. Permite que comprenda la profundidad de estas verdades; la santidad de los pilares. Concédele tus misericordias en su viaje hacia California. En tu nombre, amén».

Recogí mi monumento y abracé a JR. Con los trabajadores amish todavía pululando por encima del marco de madera, abandoné el lugar de la obra. Me senté en un estado abrumador de alegría y agradecimiento. Mi corazón estaba dolorido debido a la cantidad increíble de amor que sentí de Dios. Yo, tan indigno y pequeño, me sentía muy seguro en los acogedores brazos de mi Maestro. Mi voz se perdió en algún lugar de mi garganta y mis labios solo podían temblar. Le di las gracias a Dios a través de las lágrimas que llenaban y nublaban mis ojos.

Yo, tan indigno y pequeño, me sentía muy seguro en los acogedores brazos de mi Maestro.

Esa noche me senté a escribir en mi diario:

Puesto que Dios está dirigiendo mis pasos, ¿por qué tratar de entender todo lo que sucede en el camino? ¡Qué sabiduría para contemplar! Cuánto malgastamos de nuestra vida con declaraciones como estas: «¿Qué sucede si...?» o «Debería tener». La verdadera humildad es el reconocimiento de que Dios es quien dirige nuestro camino. Debemos darle la gloria. Ni una sola vez he oído a estos hombres decir: «Mira lo que he hecho». No, siempre dicen: «Mira lo que Dios ha hecho a través de mí». Sin duda alguna, Dios está en el trono de la vida de estos hombres, y es obvio que la humildad es una parte importante del verdadero carácter.

Notas
1. Proverbios 22:4; 16:7; 20:24 (LBD).
2. Proverbios 16:19; 28:20 (LBD).

Los pilares de la revelación

CAPÍTULO 6

Los pilares de la

PLANIFICACIÓN
Y DEL SENTIDO COMÚN

A la mañana siguiente, tenía las maletas empacadas y el registro de salida del hotel. Empecé a prepararme mentalmente para el viaje que estaba a punto de realizar. En la recepción me informaron que tenía una llamada. Tomé uno de los teléfonos internos preguntándome si sería Federico que respondía mis correos electrónicos.

—Hola, habla Néstor.

—¡Néstor! —escuché la amigable voz de Jerry—. ¿Cómo estás, mi amigo?

—Muy bien. Intenso y emocional, pero muy bien.

—Pensé que sería así. ¿Recibiste el pasaje aéreo y la información que te envió Bernie?

—Sí, anoche. Gracias. No estoy seguro de si alguna vez lograré decirte todo el impacto que has tenido en mi vida, Jerry. Desde nuestra reunión en la Florida, este viaje ha sido sin parar. No tenía idea de la profundidad de la relación que tienes con este equipo de personas. Sabía que La Red tenía una filosofía, pero nunca me había dado cuenta en qué se basaba y cuán probada estaba en el mercado. Bernie dijo que tú eras el primer fruto de estos pilares. ¿Qué significa eso?

—Néstor, se trata de la obra de Dios. Es muy sencillo. Yo fui el primero que tuvo la oportunidad de ver el talento de ese equipo. Siempre quise tener un equipo como ese, pero aprendí que Dios tenía reservado algo diferente para mí. Solo estoy siendo obediente. Compré su primera franquicia en California. Cuando llegues allí y conozcas a Dennis y Ed, dame una llamada y te daré algunos detalles muy importantes.

> Solo sigue escuchando a Dios y aprendiendo de Él. Tu viaje a California es el siguiente paso en tu recorrido.

»Solo sigue escuchando a Dios y aprendiendo de Él. Tu viaje a California es el siguiente paso en tu recorrido. Bernie siempre enseña que los primeros cuatro pilares son pilares de la decisión, y ahora estás a punto de entender los pilares de la revelación. Estos son los pilares esenciales del liderazgo.

—De acuerdo, dijiste que estos primeros cuatro pilares implican decisiones diarias de ser activo en mis creencias.

—Cierto, Néstor. Esos son los pilares en los que se desarrollan los rasgos vitales del carácter. Así es que empecé la mesa redonda. Cuando supe que había un sistema operativo que implicaba la toma de decisiones, opté por cambiar mi manera de pensar. Tu mente es como una computadora, si la programas como es debido, te programarás para el éxito.

»La siguiente clave es transmitir ese conocimiento a tu círculo más cercano, es increíble verlos cambiar. He aprendido que las empresas son como los reinos y es importante gobernar con justicia. La honestidad, la generosidad, el trabajo duro y la humildad son valores importantes para la bendición, pero los pilares de la revelación incrementarán los valores de una persona y le permitirán crecer. Son claves para la administración y el liderazgo. La gente imitará lo que respeta, ya sea bueno o malo, y es importante ser capaz de planificar y responder. Estos son los pilares que encarnan la esencia de lo que se necesita para liderar a la gente... planificar y responder.

—Entonces, ¿estos son los pilares que continúan la transformación de empleado a líder, de lo que es bueno y lo que es funcional a lo que es un inspirador espectáculo de la grandeza?

—Cierto, estos pilares tienden el puente de la transición de bueno a excelente. Como líder, debes poner en práctica el juicio y el discernimiento con el fin de lidiar como es debido con las personas y situaciones. La toma de decisiones es una habilidad y el juicio es un don. Al llegar a California, podrás conocer a Dennis y Ed, dos más de los primeros siete hombres de la compañía.

»Estos dos pilares son claves, ya que tuvieron que aprenderlos por fuerza, y serán los primeros en decirte lo importante que es escuchar a Dios. Su idea de la necesidad del crecimiento personal y de la rendición de cuentas es vital para estos principios.

—¿Hay solo dos pilares de la revelación? —le pregunté.

—Sí, y luego viene el último pilar. Bernie te dará ese pilar cuando regreses a Ohio. Disfruta de los dos días siguientes, Néstor. De seguro que Dios continuará revelándoles estas verdades a tu corazón, mente y alma. Sentí algo muy especial cuando te conocí en West Palm Beach.

—Gracias, Jerry.

Al colgar el teléfono, me paré con el fin de dar mis primeros pasos en la siguiente fase de mi viaje.

> Estos pilares tienden el puente de la transición de bueno a excelente. Como líder, debes poner en práctica el juicio y el discernimiento.

• • •

California

Al salir del avión, el calor del sol de California rodó por mi cara como la suavidad de un edredón. En cierto modo, era como volver a casa, donde los rayos del sol son como compañeros que a diario te saludan en la mañana y pasan el día de forma fiable a tu lado. Respiré hondo y busqué entre la multitud a Ed y Dennis. Había un hombre uniformado que sostenía un cartel que decía: «¡Buenos días, Néstor!». No estaba seguro de si esto era un nombre común en el estado de California, así que me acerqué al hombre con cierta renuencia.

—Discúlpeme, soy Néstor Ochoa.

—Sí, Sr. Ochoa. Permítame recoger sus cosas y le acompañaré a la reunión.

El chofer tendió las manos con guantes blancos para tomar mis maletas y procedió a abrir la puerta de un deslumbrante Rolls Royce. Mis sentidos iban a toda velocidad y estaba un poco avergonzado de que me trataran como de la realeza. Pasamos por el centro de la moderna ciudad bulliciosa y después avanzamos poco a poco hacia el viejo Sacramento.

Pasamos por el centro de la moderna ciudad bulliciosa y después avanzamos poco a poco hacia el viejo Sacramento.

Con cada nueva intersección que cruzábamos, las calles se volvían más desgastadas. En la capa negra superior había una serie de agujeros diseminados que revelaban los antiguos caminos de ladrillo que se desmoronaban por debajo. El blanco Rolls Royce entró en un territorio que de seguro no había conocido nunca antes. Deteniéndose frente a un centro comercial abandonado, el único negocio a la vista era un pequeño restaurante, que funcionaba las veinticuatro horas, y que era más o menos del tamaño de un garaje. El estacionamiento vacante descansaba tranquilamente sobre grietas que se propagaban en todas direcciones permitiendo que las malas hierbas treparan por delante de sus escondrijos.

El auto se detuvo y el chofer me abrió la puerta para que saliera a esta tierra desierta. Mi rostro estaba envuelto en una expresión incómoda mirando a su alrededor en busca de alguna señal de la reunión. El pequeño restaurante estaba metido entre los almacenes vacíos y, por último, dos hombres salieron por la puerta y se dirigieron hacia el auto. Me sentí aliviado al ver que uno de los dos levantaba la mano saludándome mientras se acercaban. El blanco Rolls Royce se apartó como si de repente lo impulsara un instinto que le decía que buscara un entorno conocido.

—¡Hola, Néstor! —dijo el hombre que me saludó y que ahora trotaba hacia mí con una sonriente cara bronceada por el sol—. Bienvenido a California. Soy Ed. ¿Te gustó el Rolls Royce?

Hablaba con rapidez, juntando sus palabras unas tras otras. Antes de que pudiera darle una respuesta, continuó:

—Lo aprendí de Ernie. Siempre trato de sorprender a mis amigos cuando vienen a verme. Eso los confunde un poco —dijo dándome una palmadita en el hombro—. Estoy seguro que ya viste la casa de Ernie. Ese tipo siempre me está desafiando, un paso por delante en todo momento. La única vez que lo dejé sin palabras fue cuando lo fui a buscar al aeropuerto en uno de los Rolls Royce de alquiler. Pensó que había encontrado oro aquí en California.

Ed empezó a reír, muy divertido. Sin embargo, yo estaba luchando para seguir sus palabras y comentarios rápidos.

—Hola, Néstor. Yo soy Dennis —interrumpió la risa una calmada voz—. Vas a tener que disculpar a Ed. Tiene mucho entusiasmo. Nos encontramos aquí porque pensamos que te gustaría ver dónde abrimos las operaciones en California hace veinticinco años. Ed y yo nos mudamos aquí y tratamos de expandir la compañía en la costa oeste, comenzando justo en este antiguo centro comercial.

> Siempre trato de sorprender a mis amigos cuando vienen a verme. Eso los confunde un poco.

Caminamos por el estacionamiento hasta llegar a la calle donde tenían estacionado su auto.

—En realidad, pensamos que podríamos duplicar nuestra empresa en cualquier lugar de Estados Unidos, pero me di cuenta que es difícil ser un equipo cuando estamos a más de tres mil doscientos kilómetros de distancia.

—Pusimos mucho empeño en esto —interrumpió Ed—. Bob y John nos ayudaron a abrir. Estuve aquí por alrededor de un año desarrollando el equipo de dirección. Sin embargo, nunca creció, al menos no como pensábamos que lo haría.

—Aprendimos por fuerza que Dios debe bendecir todo lo que hacemos —confesó Dennis.

Mientras nos dirigíamos a la casa de Ed, podía sentir que lo que aprendieron estos dos hombres serían las palabras de la experiencia que ofrecerían de los restos recogidos de lo que va mal si se pasa por alto cualquiera de los pilares. Durante el trayecto, Ed siguió conversando.

Nos fijamos metas y vimos recompensados algunos de nuestros esfuerzos.

—Casi nos matamos tratando de hacer este trabajo aquí. Ernie vino y nos enseñó a abrir nuevos negocios. Nos fijamos metas y vimos recompensados algunos de nuestros esfuerzos. Creo que cuando se le puede vender a la gente, las cosas suceden. Les vendíamos a los clientes y a los vendedores como nosotros...

—Ed, haces que parezca como si fuera fácil —interrumpió Dennis—. Nuestro negocio fue difícil. Trabajamos duro y estamos agradecidos por cada éxito obtenido. Aun así, no fue fácil. No trabajábamos con el equipo completo. Néstor, mi mente estaba llena de varias técnicas diferentes. Al final, decidí no hacer negocios como la casa matriz. Sentí que encontré una nueva respuesta y estaba equivocado.

Hubo un momento de silencio adormecedor mientras el auto se movía sin cesar por el camino.

—Nunca olvidaré una de las últimas reuniones de la junta en Ohio. Estaba muy seguro de que teníamos razón, pero John estaba convencido de lo contrario. Las cosas se pusieron calientes y yo discutí para luego explotar. Así que decidimos separarnos como amigos. Ed y yo intercambiamos nuestras acciones en Ohio por nuestra nueva compañía. No valorábamos el poder de la unidad.

—¿Estabas contento? —le pregunté.

—Sí y no. Aún se mantenía una fuerte alianza, pero era obvio que ya no éramos un equipo de pacto. Sé que no me había dado cuenta de la importancia de la estructura. Te permite rendir cuentas y desarrolla tu carácter. La unidad crea un sentido común basado en el sistema de valores de Dios.

Ed se detuvo delante de una casa bonita en las relucientes afueras de California. Todos nos reunimos alrededor de la mesa del comedor.

Ed se detuvo delante de una casa bonita en las relucientes afueras de California. Todos nos reunimos alrededor de la mesa del comedor. Dennis continuó.

—Cuando abrimos por primera vez la compañía, nuestros dos puntos fuertes eran las áreas de ventas y el desarrollo de las personas. Descubrí que se necesitaban ambas habilidades. Trabajábamos dentro del marco de la honestidad, la generosidad, el trabajo duro y la humildad, pero era obvio que necesitábamos algo que nos llevara aún más lejos.

Dennis metió la mano en el bolsillo de su chaqueta para sacar el primer pilar de la revelación.

—Néstor, esta era la clave que se necesitaba para apoyar mi deseo. Es una parte fundamental de la gestión.

EL PILAR DE LA PLANIFICACIÓN EFICAZ

Toda empresa tiene por fundamento planes sensatos, se fortalece mediante el sentido común, y prospera manteniéndose al día en todo[1].

—Fue un concepto que aprendimos cuando estábamos en Ohio trabajando con el equipo —continuó Dennis—, pero de alguna manera, al mudarnos a California y al escuchar las voces de los diferentes asesores, se fue ensombreciendo nuestra capacidad para discernir los hechos. Necesitaba una base segura con la planificación racional y el sentido común, manteniéndome al corriente de los hechos.

Mientras Dennis hablaba, Ed se paró para traernos algo para beber de la cocina.

—Hubo una experiencia que tuvimos en Ohio. Fue durante los primeros años, cuando todos trabajábamos como equipo, tratando de lograr que la empresa levantara vuelo. Esta experiencia se ha destacado para mí de manera profunda. La activación de una hábil planificación, y la recolección y observación detalladas de los hechos fueron la clave de nuestro éxito. Acabábamos de abrir un nuevo campo y habíamos estado trabajando día y noche para tratar de obtener una ganancia. Justo cuando las cosas empezaban a dar sus frutos, uno de nuestros competidores

«Señores, pueden renunciar y perder dinero tan fácil como lo puede hacer cualquier otra persona, pero siento que si comprometemos nuestros esfuerzos a Dios, vamos a ganar».

llegó a la escena. Ofrecían un servicio similar. John convocó a una reunión de emergencia y nos dio uno de sus "discursos".

—¿Qué quieres decir con lo de *discurso*? —le pregunté.

—Me refiero a una conferencia. Hablaba como lo haría el presidente Lincoln o un gran estadista: breve, conciso y al grano. John dijo: "Señores, pueden renunciar y perder dinero tan fácil como lo puede hacer cualquier otra persona, pero siento que si comprometemos nuestros esfuerzos a Dios, vamos a ganar. Tengo una idea y un plan". Entonces, John nos habló de su estrategia. A cada uno de nosotros se le asignó una tarea, y después que todos oramos, John nos envió a la batalla. Era muy sencillo y directo, pero era un plan, pensado y puesto en práctica. John nos enseñó a planificar desde el final hasta el principio para comenzar con el fin en mente.

—Dile lo loco de la táctica que ideó John para llegar a conocer nuestros competidores —gritó Ed mientras regresaba de la cocina.

—John fue a ver a nuestro competidor y se convirtió en un cliente. John creía que podía hacerse amigo de estas personas. Así que llegamos a ser un flujo de efectivo para nuestra competencia. No nos querían hacer daño debido a que establecimos una relación. Nos quedamos con ellos hasta que se retiraron del negocio. Fue increíble.

»Al mismo tiempo —agregó Dennis—, empezamos un sistema que llamamos "Operación vara de medir". Bernie y yo desarrollamos un plan para monitorizar las *constantes vitales* de cómo le iba a nuestra compañía. Identificamos nuestros puntos débiles y tratamos de fortalecerlos. Ahí es donde aprendimos a mantenernos al tanto de los hechos mediante la administración de las *constantes vitales*. Es como cuando vas al hospital y te comprueban tus constantes vitales. Te pueden controlar con rapidez la salud al chequear tu temperatura, tensión arterial, ritmo cardíaco, altura, peso y reflejos. Cada negocio debería tener controles diarios de sus *constantes vitales*, a fin de que se puedan detectar los síntomas de la enfermedad corporativa mucho antes de que los identifique el informe financiero.

»En realidad, fue un ejemplo confiable de trabajo en equipo y planificación eficaz. Cuando nos mudamos aquí, no teníamos en sí los recursos ni un plan conciso de acción. Todo el mundo se reinventaba las constantes vitales. Cuando dedicas tiempo para sentarte y considerar en oración el plan de acción, pidiéndole a Dios que te revele cualquier punto de dificultades y problemas, el crecimiento es automático. Actuábamos a través de nuestra propia fuerza de venta y no mediante el arte de la gestión. Pensábamos que, de alguna manera, se empaquetaba todo el conocimiento. De un modo u otro, comenzamos a pensar que éramos la fuente. Descubrimos por fuerza que nuestros recursos se encontraban más allá de nosotros mismos. Al volver la vista atrás, es fácil ver cuánto necesitábamos trabajar dentro de una estructura equilibrada; no estoy seguro de lo que pensábamos.

Ed buscó detrás de él, en el aparador armario donde puso la bandeja que trajo de la cocina.

En realidad, fue un ejemplo confiable de trabajo en equipo y planificación eficaz.

EL PILAR DEL SENTIDO COMÚN

El hombre que discierne entre el bien y el mal y tiene buen juicio y sentido común es más feliz que el inmensamente rico, porque esa sabiduría es mucho más valiosa que las joyas preciosas. Nada puede comparársele[2].

—Ahí es donde mi pilar entra en juego —dijo Ed dándome el sexto pilar que le añadí al monumento—. Al sentido común se le debería llamar "sentido poco común". Todos lo tenemos, pero lo perdemos.

El pilar del sentido común se desarrolla cuando elegimos a Dios como nuestra fuente. Consideraba que Dios era una reliquia en lugar de una fuente. Me había olvidado de este don de la revelación.

»He aprendido que hay dos tipos de conocimiento: el conocimiento de sentido y el conocimiento de revelación. El conocimiento de sentido es la voz de la experiencia que incluye lo que aprendemos a través de la educación formal. Se trata de la verdad validada. Sin embargo, hay una forma superior de conocimiento a encontrar... el conocimiento de revelación. Es la madre de todas las invenciones encontrada a través de la inspiración y la creatividad con la que nos programó Dios. Yo lo llamo fe cuántica. Nacemos con esta capacidad, pero parece que la perdemos en nuestra búsqueda del conocimiento de "sentido".

»Aprendemos a confiar en la memorización y no en la inspiración. El don de la revelación se libera cuando tenemos ojos para ver y oídos para escuchar. Vemos un plan de acción y escuchamos la voz de la sabiduría para responder con sentido común y buen juicio.

—¿Dónde te equivocaste? —le pregunté.

—Me pasé la vida memorizando presentaciones, cierres y redactando tratados. Yo era bueno, uno de los mejores en la venta de un producto. Aun así, la planificación eficaz necesita asociarse al sentido común. Soy muy impulsivo por naturaleza —dijo Ed pasándome un vaso de agua—.

> ☗
> **Vemos un plan de acción y escuchamos la voz de la sabiduría para responder con sentido común y buen juicio.**

Por otra parte, Dennis es muy perfeccionista, con ganas de planificarlo todo. El sentido común es la voz interior que se convierte en nuestro navegador, una voz de sincronización, ajustes y creatividad. Déjame darte un ejemplo.

»Cuando planeamos abrir operaciones en otra ciudad a dos horas de distancia, nos dirigíamos a una zona que ya estaba muy protegida por una empresa de la competencia. Nos pareció que podríamos anular eso al estar en la localidad y centrarnos en el servicio. No nos iba mal en el campo de la planificación. Sin embargo, justo cuando estábamos a punto de abrir, recibimos una llamada de nuestra red de distribución informándonos que nuestro competidor los había contactado con el fin de comenzar la distribución en nuestra zona. Venían para nuestra ciudad. Habíamos despertado a un gigante dormido.

»Este competidor tenía los recursos para reducir los precios, poniendo en peligro no solo a nuestros nuevos mercados, sino también a nuestros mercados existentes. Nos reunimos, oramos y sentimos que debíamos retroceder. El cierre de nuestra nueva oficina era difícil porque nos sentíamos muy humillados. No obstante, esa pizca de sentido común nos permitió sentarnos y concentrarnos en la planificación de nuevas estrategias. Planificábamos con eficacia, pero necesitábamos escuchar la voz del sentido común; no la voz del miedo, sino la voz del sentido común.

—Néstor —interrumpió Dennis—, cuando escuchas la voz de Dios dentro de ti y haces las cosas que está haciendo Él, serás bendecido.

—Tenemos que derrotar al espíritu del orgullo —dijo Ed muy emocionado—. Estoy aprendiendo que no siempre puedo tener razón. Cuando estoy en medio de una situación con esas ruedas negocios que cobran impulso, es difícil escuchar cuando el sentido común te dice que retrocedas. Mi orgullo dice: "¡De ninguna manera! ¡Sigue adelante!". El orgullo precede a la caída.

Al ver a Ed, supe que era verdad lo que me decía. Sus ojos resplandecían con la pasión de la experiencia.

—Muchas veces me han hecho daño en lo económico debido a que no me tragué mi orgullo y no di marcha atrás. Millones de dólares se pierden cada día a causa del orgullo, de una mala sincronización y de no saber cuándo retirarse.

—La buena sincronización hace millonarios, pero la mala sincronización también los destruye —declaró Dennis lisa y llanamente—. Planificar y responder. El sentido común le enseña a un equipo cómo responder... cómo actuar y reaccionar en unidad. Las escuelas y los consultores nos pueden enseñar cómo actuar, pero solo la revelación, la voz del sentido común, nos enseñará cómo reaccionar. "El hombre que discierne entre el bien y el mal y tiene buen juicio y sentido común es

> Al ver a Ed, supe que era verdad lo que me decía. Sus ojos resplandecían con la pasión de la experiencia.

más feliz que el inmensamente rico". La planificación eficaz y el sentido común son los ingredientes que componen el juicio de calidad.

Un auto se detuvo en el camino de entrada y Ed se puso de pie para atender al visitante en la puerta.

—Es probable que sea Jerry —dijo Dennis.

—¿Jerry? ¡Pero acabo de hablar con él ayer!

—Sí, llamó anoche y dijo que iba a volar especialmente para esta reunión. Desde que tiene ese nuevo jet es capaz de aprovechar todas las citas divinas. Anoche dijo que está convencido de que Dios está obrando en tu vida y que estás a punto de experimentar una cita divina. ¿Sabías que Jerry trabajó con nosotros desde nuestros inicios aquí en California? Cree que podría tener alguna perspectiva que ofrecerte sobre cómo incorporar los pilares en tu vida.

—Jerry dirigió nuestra primera franquicia aquí en California —añadió Ed mientras los dos se nos unían a la mesa.

—La primera franquicia, ¡claro! —rio Jerry—. Néstor, deja que te cuente de la "única" franquicia en California.

—Estábamos trabajando duro en este Estado, pero las cosas no se desarrollaban como si estuviéramos en Ohio —explicó Dennis—. Les pregunté a mis otros socios si podíamos abrir una franquicia con Jerry y estuvieron de acuerdo. Comenzó lento, pero vaya que creció.

> **Estábamos trabajando duro en este Estado, pero las cosas no se desarrollaban como si estuviéramos en Ohio.**

—Creció, pero solo después que murió y yo morí con ella —dijo Jerry.

—¿Qué quieres decir? —le pregunté un poco confundido.

—En esa época, tenía dos empleos, pues trataba de llegar a fin de mes. No tenía suficiente flujo de efectivo para el pago de la nómina de mis empleados. Mi contador me aconsejó que vendiera. Me dijo que nunca haría dinero y que nunca debería haber comprado la franquicia. Todo estaba en orden, pero Dios no me estaba bendiciendo y fue cuando morí.

Me eché a reír con nerviosismo, pero la cara de Jerry seguía con su misma expresión seria.

—¿Moriste?

—Me di por vencido y morí a mí mismo. Clamé a Dios y le di todo el control sobre mi empresa y comencé a funcionar en los pilares del éxito.

Jerry me observaba muy de cerca, asegurándose de que entendía lo que me decía.

—Dios no bendecirá lo que estás haciendo hasta que te conviertas en parte de lo que está haciendo Él.

—Así que hiciste un cambio en tu estilo de vida —declaré más que cuestioné.

—Una reestructuración total. Dios exige una relación personal y un cambio de carácter. Él quiere estar en el negocio con nosotros.

Me acordé de las palabras de una reunión preguntándome si estaba desesperado y diciéndome que había soluciones.

—¿Sabes cuál es la "buena nueva"? Dios quiere ser tu amigo y Él tiene un plan. Eso fue lo que me dio resultado en la vida. Sin embargo, se requiere que actúes. Tienes que estar dispuesto a actuar de acuerdo a esa creencia. No es una experiencia única que cambia y transforma tu vida a la perfección, permitiéndote que solo te sientes y recibas. El proceso comenzará, pero cada día se desafiarán en tu fe para tomar las decisiones. A veces me desplomo ante los pilares, otras veces tropiezo justo contra ellos o incluso a veces he tratado de golpearlos a propósito. Aun así, son principios sólidos, y cuando se construyen en tu vida, comparten su fuerza contigo.

—¿Cómo cambió tu negocio? —le pregunté.

—Necesitaba restablecer mis prioridades: Primero, Dios; segundo, la familia; y tercero, el negocio. Ya había reestructurado mi negocio cuando recibí una llamada de John. Me dijo que volaría hasta aquí para reunirse conmigo respecto a mis pagos vencidos. Colgué el teléfono y le dije a mi esposa que se había acabado. No había ninguna manera de que pudiéramos hacer siquiera los pagos de intereses de la franquicia, mucho menos de los equipos y de las regalías.

> ¿Sabes cuál es la «buena nueva»? Dios quiere ser tu amigo y Él tiene un plan. Eso fue lo que me dio resultado en la vida.

»Sin embargo, en lugar de estar de acuerdo conmigo, me dijo: "Jerry, no te rindas". Esa noche oramos juntos, y cuando vino John, Dios cerró y selló su visita. John me dijo que tenía un mensaje del resto de los propietarios. Sus negocios en Ohio fueron creciendo de manera increíble. Su campo de influencia fue creciendo, y Dios los estaba bendiciendo. Habían aprendido que lo más grande no es necesariamente lo mejor. Puesto que ya no estaban atendiendo California ni mi franquicia, me liberaban de mis compromisos con ellos y perdonaban mis deudas.

—¿Todas las deudas? —balbuceé.

—Todas las levantaron de mis hombros. Lloré. Dios intervino a mi favor y yo tuve una deuda eterna con Él y los chicos. Llevo esta obligación hasta el día de hoy. Mi compromiso con el pilar de la generosidad se disparó hasta el cielo. Di como nunca antes. Estuvimos ahorrando para el pago inicial de una casa y di ese dinero para ayudar a comprar el terreno que necesitaba nuestra iglesia para construir. Fue mi tiempo para sembrar lo que tenía en lo que estaba haciendo Dios.

Mi compromiso con el pilar de la generosidad se disparó hasta el cielo.

—Fue un nuevo día para él —dijo Dennis sonriendo.

—Un día, mi contador me llamó y dijo: "Jerry, he estado viendo tus libros y he descubierto la razón por la que se recuperó tu empresa. Esto es increíble, porque en menos de un año te moviste del fracaso financiero al éxito". Le pregunté cuál creía que era la razón y tomó estas gráficas. "Es la publicidad, Jerry. Desde que comenzó la publicidad, se han incrementado tus ventas. Solo observa".

»Las tablas registraban de manera gráfica, mes por mes, el crecimiento hacia el éxito. Entonces, le dije que debía haber un error, pues no nos habíamos anunciado desde que abrimos. "Sí lo has hecho, Jerry". Señaló el gasto en mis estados financieros mensuales que asignaban cantidades de dinero para la publicidad, pero le insistí una vez más que tenía que haber un error.

»Así que tomó el teléfono y llamó a su tenedora de libros: "Pat, Jerry dice que no ha hecho publicidad, con todo y eso, ¿lo hemos gastado?". Ella respondió: "Yo he tenido la intención de preguntarle.

Hace alrededor de un año Jerry comenzó a dar dinero a una iglesia, y como yo no sabía dónde clasificarlo, lo puse debajo de publicidad". ¡El rostro de mi contador palideció! "Jerry", me dijo, "lo que sea que estés haciendo, sigue haciéndolo, porque se trata de una de las recuperaciones más extraordinarias que he visto jamás". Se me dio un poco de visión real del pilar de la generosidad. Aprendí a sembrar dinero como un agricultor siembra semillas. Seleccionando el suelo fértil y asegurándome que haya agua. Néstor, puedo hablar por experiencia. Estos pilares se basan en las verdades eternas de Dios y he visto el cambio en mi vida.

—Mi vida ya está cambiando, pero cuando vuelva a mi país, las pruebas serán grandes.

—Mi oración por ti es que construyas sobre una base sólida, a fin de vencer las tormentas, y darle la gloria a Dios —dijo sonriendo Jerry—. Entonces, serás capaz de compartir tu bendición con otros para que también se sientan inspirados a actuar con responsabilidad.

> Mi oración por ti es que construyas sobre una base sólida, a fin de vencer las tormentas, y darle la gloria a Dios.

»Mañana puedes volar de regreso conmigo. ¿Alguna vez has volado en el asiento del copiloto de un avión ejecutivo? Estás a punto de experimentar la vida a doce mil metros de altura. En realidad, las cosas se ven diferentes desde allí.

—Espero que disfrutaras de tu larga visita —bromeó Ed.

Ed me llevó al hotel del aeropuerto. Ya que mañana iba a volar temprano, no tendría que ir muy lejos. Esa noche me senté en mi habitación de hotel y escribí algunas reflexiones en mi diario:

«Planificar y responder... Los pilares de la planificación eficaz y el sentido común. Dios enmarcó los cielos con su plan maestro, y con todo, responderá a las necesidades de sus hijos. Oh Dios, deseo tener oídos para escuchar la voz... tu voz de sabiduría».

Veía los aviones que subían y bajaban frente al sol poniente en California. El cielo resplandecía mientras los haces de luz se extendían a lo largo del horizonte. Era una nueva luz que parecía arder con su mayor esplendor al extremo del cielo nocturno. Se acercaba la oscuridad salpicada de estrellas, y pensé en mi necesidad de que la nueva luz, y los límites de la oscuridad que parecían rodearme al volver a casa, estuvieran a la espera para hacerse cargo de mis cielos bien iluminados. Mi mente estaba en paz con mis ojos admirando la deslumbrante luz que apenas presionaba a través del borde de la tierra.

A la mañana siguiente, me encontré con Jerry en el aeropuerto ejecutivo de Sacramento. Nos subimos a su jet *Embraer* e hicimos el viaje en menos de cuatro horas. ¡La vida es diferente a doce mil metros de altura!

Jerry me explicó: «Hay una corriente en chorro que fluye en todo el mundo. Como piloto, puedo aprovechar esa corriente en chorro. Su velocidad de avance aumenta cuando se reduce el viento de frente... Dios es como un viento de cola. Nos da una ventaja. Néstor, así es que funciona la vida: entra en una corriente en chorro de lo que Dios está haciendo y tu vida será más fácil. Posees muchos dones y habilidades, pero tengo la sensación de que últimamente has tenido una gran cantidad de viento en contra. Creo que esto está a punto de cambiar.

> **En los últimos años, he sido capaz de tomar estos pilares que estás aprendiendo y he logrado construir un negocio increíble.**

»En los últimos años, he sido capaz de tomar estos pilares que estás aprendiendo y he logrado construir un negocio increíble. No solo les da empleo a casi mil personas, sino lo que es más importante, le da empleo a mi familia. Estás aprendiendo los pilares uno por uno. Cuando te reúnas con los chicos, recuerda que serás capaz de utilizar los siete en tu propia vida. Experimentarás una tierra en la que fluye leche y miel. Cuando te conocí en Medellín, me di cuenta de que tenías un destino en tu vida. Anoche hablé con Federico y está seguro de que lo que estás aprendiendo impactará *LifeDesign TV* y toda América Latina».

Notas
1. Proverbios 24:3-4 (LBD).
2. Proverbios 3:13-15 (LBD).

CUARTA PARTE

El último pilar
y la
reunión de las águilas

CAPÍTULO 7

El pilar del

DOMINIO PROPIO

E n cuanto aterricé en Ohio, llamé a Bernie, pero lo que escuché fue su buzón de voz. Colgué el teléfono y recogí mi equipaje del avión. Estaba un poco desilusionado, pero solo porque me sentía como si no me pudiera contener y quisiera decirle a otra persona lo que estaba aprendiendo. Me hacía mucha falta hablar con Bernie acerca de la historia de Dennis y Ed y aprender sobre el séptimo y último pilar. Recogí mi maleta lo más rápido posible y me quedé en la acera.

—¡Néstor! ¡Néstor, espera!

Me di la vuelta para ver a Bernie corriendo hacia mí en la acera. Su cara estaba sonriente y levantaba el brazo para saludarme. Tomé mi maleta y me dirigí hacia él.

—Bernie, ¡acabo de llamarte!

—Me alegro de haberte encontrado. ¿Buen viaje?

—Más que bien, he aprendido mucho. Y el vuelo de regreso con Jerry fue una de las experiencias más increíbles de mi vida. ¡Estoy a punto de entrar en la corriente en chorro!

Bernie alargó la mano para agarrar mi equipaje y nos subimos a su auto.

—Dennis y Ed tenían mucho que enseñarme de sus experiencias. Parece que han aprendido por fuerza el valor de los pilares para el negocio.

—Eso es cierto. A veces la única manera que usa Dios para enseñarnos es que aprendamos de las malas decisiones —dijo Bernie conduciendo hacia la autopista—. Néstor, estoy seguro que puedes ver ahora que yo pertenecía a un equipo de siete hombres. La parte hermosa de lo que estás aprendiendo de Jerry es que fue capaz de aprender de nuestras experiencias. Fue capaz de entender nuestras fortalezas individuales y nuestras debilidades, y entonces logró construir los siete pilares en su propia vida.

»Esa es la clave para tu éxito. ¡Se puede duplicar! Jerry fue capaz de aprender no solo por qué el éxito da resultado, sino cómo lo logra. Cuando un sistema se puede duplicar, puede transmitírseles a los empleados, familiares y amigos.

De inmediato, me acordé de mis pensamientos en Medellín cuando conocí a Jerry. Yo había aprendido las leyes y por qué daban resultado, pero ahora también estaba aprendiendo cómo funcionaban. Esa es una gran diferencia, y no hay tanta sabiduría entre los pilares de una planificación eficaz y el sentido común. Estoy reconociendo la delgada línea entre el deseo de establecer mis metas más altas y lograr lo que está haciendo Dios. Al mismo tiempo, quiero ser capaz de responder y ajustarme mientras Él me conduce a través de un cambio de estrategia.

Quiero aprender a ser flexible.

> **Estoy reconociendo la delgada línea entre el deseo de establecer mis metas más altas y lograr lo que está haciendo Dios.**

—Solo te puedo decir que escuchar la voz de la sabiduría requiere cierta práctica. Aprenderás a sintonizar finamente los oídos, a fin de distinguir entre tu voluntad y la voluntad de Dios —me comentó Bernie.

—Una cosa que de veras ha sido interesante es ver cuán diferentes son cada uno de los propietarios. Es difícil creer que todos trabajaban en unidad cuando cada uno de ustedes tiene temperamentos tan distintos.

—Creo que esa es la clave para el desarrollo de un equipo. Se necesita una gran cantidad de la mezcla y el enfoque de los dones y las habilidades de cada persona. Éramos como los cilindros del motor disparando en el momento oportuno. En realidad, hace falta la sincronización para desarrollar e incluir a cada persona. Sé que no hay nada más solitario que tratar de convertirse en algo para lo que no estás destinado. Néstor, ¿sabías que casi todas las personas que trabajan hacen algo que no les gusta? Hay muchísimos grupos de personas que trabajan juntas que nunca se pretendió que fueran un equipo.

—Conozco esa percepción.

—Yo también —asintió Bernie con una sonrisa—. Por años traté de ser algo que no era. Tengo un potente don de exhortación, pero soy muy melancólico también. Actuaba siempre por impulso, pero era muy sensible a las críticas.

—Quiero que mis pasos sean dirigidos e intencionales.

—Recuerda, Néstor: "Por el SEÑOR son ordenados los pasos del hombre, y el SEÑOR se deleita en su camino. Cuando caiga, no quedará derribado, porque el SEÑOR sostiene su mano"[1]. Néstor, no le tengas miedo a caer. Vamos a cometer errores porque todos somos ovejas que necesitan un pastor. Tienes un Pastor, y aunque quizá a veces te sientas desorientado y perdido, nunca estarás sin rumbo ni equivocado.

—Nuestros pasos son ordenados —declaré, asegurándome a mí mismo.

—Antes de que fuera creyente, estaba atrapado en un trabajo que no me gustaba mucho en realidad. Ahí es donde conocí a Dennis. Trabajábamos como vendedores para otra empresa. Mi vida era una mentira total. Actuaba como si de veras fuera rico, pero estaba en la ruina. Mi historia es muy parecida a la tuya. Los dos tenemos grandes mujeres que nos ayudan y están allí para creer en nosotros.

»Ya había terminado de trabajar fuera de la ciudad y me fui temprano porque tenía una entrevista a la mañana siguiente. A los chicos siempre les gustaba relajarse cuando terminábamos, pero tenía que volver a casa. En ese momento de mi vida necesitaba un cambio. Mientras volvía a casa, supe que me iba a quedar sin gasolina y no tenía dinero. Era tarde en la noche y sentí que

> Mi vida era una mentira total. Actuaba como si de veras fuera rico, pero estaba en la ruina.

me ponía tenso pensando que me iba a quedar atascado y que perdería mi entrevista. Sucedió lo inevitable. Mi auto chisporroteó a un lado de la carretera y yo comencé la larga caminata hasta la casa. No podía ver nada. Tropezando a través de las malas hierbas y el pavimento suelto, se me rompió el talón de uno de mis zapatos, así que me quité los dos y caminé descalzo unos cinco kilómetros.

»Cuando llegué a la rampa de salida, me dolían los pies y me senté y descansé al borde de la carretera. Me senté sobre una pequeña colina y le pedí ayuda a Dios. No sabía quién era Dios y ni siquiera sabía si existía. En ese momento, algunas luces inundaron la colina. Cuando el auto se acercaba, me di cuenta de que era Dennis. Nunca olvidaré sus palabras: "¿Qué tal, compañero?". En ese momento me sentía muy humillado y abrumado. Dennis me ayudó a subir a su auto y me llevó a conseguir un poco de gasolina. Dios me estaba enseñando la interdependencia. Todos queremos ser independientes, pero Dios quiere que seamos interdependientes, dependientes de Él y otros.

—Algo así como que entre todos los pilares se comparte el peso distribuido.

—Sí, exactamente. Cuando Dennis me compró un poco de gasolina, me llevó de vuelta a mi auto y la echó en el tanque para mí. Algunos muchachos que pasaban por allí tocaban la bocina y lo llamaban estúpido por quedarse sin combustible. Allí estaba él, mi amigo, llevando mis cargas y compartiendo mi vergüenza. Incluso, me llamó a la mañana siguiente para asegurarse de que fui a la entrevista de trabajo.

> Todos queremos ser independientes, pero Dios quiere que seamos interdependientes, dependientes de Él y otros.

»Sí que necesitamos relacionarnos unos con otros. Hay dos tipos de relaciones que experimentamos: las opcionales y las providenciales. Dennis fue una relación providencial; una persona que proveyó Dios a fin de perfeccionarme durante una temporada específica de mi vida. Las relaciones providenciales nos inspiran hacia nuestro destino y nos animan en los momentos de cambio. Piensa en las relaciones providenciales en tu vida, Néstor. Estoy seguro de que has tenido muchas.

Empecé a pensar en los muchos mentores en mi vida y me acordé en seguida del don de la amistad y del aliento que me habían dado varios de mis amigos. A muchos de ellos no los había visto ni hablado con ellos por años, pero todos fueron personas que Dios proveyó para ayudarme a moldear mi carácter.

—¿Tienes el monumento? —me preguntó Bernie al detenerse en el estacionamiento del hotel.

—Sí, está justo aquí —le dije, entregándole los pilares—. Aquí está el séptimo y último pilar.

Empecé a pensar en los muchos mentores en mi vida y me acordé en seguida del don de la amistad y del aliento que me habían dado varios de mis amigos.

EL PILAR DEL DOMINIO PROPIO

El hombre que no se domina se halla tan indefenso como una ciudad con murallas derribadas. No hagas como los malvados. Evita sus guaridas. Porque los malvados no duermen hasta realizar su fechoría diaria. Por sobre todo, guarda tus sentimientos, porque ellos influyen en la totalidad de tu vida[2].

Abrí la caja de Bernie y coloqué el último pilar en el monumento de mármol. Mi misión estaba casi terminada.

—Néstor, ahora estoy a punto de lanzarte un desafío. Cuando establezcas el pilar del dominio propio, habrás fijado en su lugar un acontecimiento cósmico. Al aprender a retrasar tus gratificaciones inmediatas, Dios te concederá las peticiones de tu corazón. Escucha esta verdad. Él no siempre te da lo que deseas, pero en realidad puede redefinir las peticiones de tu corazón. Tu corazón comienza a cambiar, tus deseos comienzan a cambiar, y por eso es tan importante proteger tus sentimientos. Esa es la esencia del pilar del dominio propio. Guarda tus sentimientos, pues influirán en toda tu vida.

> Solo se necesita una chispa para desencadenar un incendio forestal. Una palabra descuidada o mal dicha de tu boca puede hacer eso.

»El dominio propio significa controlar la lengua. ¡Una respuesta rápida puede arruinarlo todo! Esa es una de mis frases favoritas. Debido a que en el mundo en que vivimos está lleno de voces, promesas, anuncios y discusiones. Y, por lo general, queremos responder de inmediato a esas voces.

»El dominio propio significa controlar la lengua. Cuando me encuentro luchando, recuerdo esta verdad: Un freno en la boca de un caballo lo controla por completo. Un pequeño timón de un barco enorme en las manos de un capitán experto establece un curso enfrentando los vientos más fuertes. Una palabra que sale de la boca puede parecer sin importancia, pero puede lograr casi cualquier cosa... ¡o destruirla!

»Solo se necesita una chispa para desencadenar un incendio forestal. Una palabra descuidada o mal dicha de tu boca puede hacer eso. Por nuestra forma de hablar podemos arruinar el mundo, convertir la armonía en caos, enlodar la reputación, destruir al mundo entero y destruirnos con él... ¡las maldiciones y las bendiciones salen de la misma boca!³

»Los dos aspectos del dominio propio son lo que dices y lo que haces. No solo necesitas estar pendiente de lo que dices, sino que debes hacerlo con tus acciones también. Somos lo que hacemos. Evita las guaridas de los malvados y protege tu lengua. Ese es el dominio personal.

—Bernie hay mucha sabiduría allí. ¡Siento como si pudiera enseñarle al mundo!

—No tengas ninguna prisa para convertirte en maestro, Néstor. La enseñanza es un trabajo de mucha responsabilidad. Los maestros deben atenerse a las normas más estrictas y ninguno de nosotros está calificado a la perfección. Nos equivocamos casi cada vez que abrimos la boca. Si se pudiera encontrar a alguien cuyo discurso sea del todo cierto, tendrías una persona perfecta, en un control perfecto de la vida.

—Entonces, ¿qué se supone que debo hacer ahora?

> Somos lo que hacemos. Evita las guaridas de los malvados y protege tu lengua. Ese es el dominio personal.

—Néstor, ahora estoy a punto de plantearte un reto. Ahora, te reto a que seas grande. Te reto a que alcances el potencial que Dios tiene para tu vida. Te reto a que entres en la crisálida.

—¿Qué quieres decir con la crisálida?

—Es un lugar muy especial. El lugar en el que dejamos de hablar y comenzamos a escuchar. Es el estado de transformación. A fin de que emerja una mariposa, debe experimentar la muerte de sí misma. En la crisálida, cada célula debe experimentar una ruptura que provoca un cambio masivo. En la crisálida es que se muere, literalmente, al pasado. Todas las cosas deben convertirse en nuevas. No se puede borrar el pasado... hay que desplazar el pasado. La crisálida es donde entras en el estado de cambio y transformación. Dios hará el resto.

»Cuando se crea una mariposa monarca, comienza como un huevo. Una vez que el huevo eclosiona en una oruga, solo tiene una orden... ¡comer! La oruga es una máquina de comer; todo lo que hace es consumir. Esa es la forma en que estabas cuando lograste tu éxito, Néstor. Recuerda cómo consumías, consumías y consumías... Más, más, más... Yo, yo, yo... yo quiero, yo quiero, yo quiero... ¡Por eso es que tuviste que morir!

»Cuando experimentaste tu fracaso, te volviste enseñable de nuevo. Ahora es el momento para que puedas experimentar la crisálida de la transformación total. En diez días, una oruga se transformará en una mariposa. Después de esos diez días, la oruga emergerá con cuatro nuevos sistemas operativos. Nuevos ojos para ver de otra manera, un agrandamiento del corazón que la desplazará desde arrastrarse hasta volar, un nuevo sistema digestivo que depende del néctar en lugar del algodoncillo, y un nuevo sistema reproductivo que replicará el proceso y producirá toda una nueva generación. ¡Una nueva creación que ya no se arrastra, sino que ahora vuela! Ya no come malas hierbas, sino que se alimenta de néctar. Ya no vive la vida para consumir, sino que vive una vida de polinización.

»Tus deseos están cambiando debido a que estás cambiando. Por eso esta invitación a la Reunión de las Águilas es tan importante. Estás a punto de

> Tus deseos están cambiando debido a que estás cambiando. Por eso esta invitación a la Reunión de las Águilas es tan importante.

romper el ciclo de lo viejo y guiar a un nuevo grupo de personas que va a experimentar la transformación... la metamorfosis. Pasarás de ser un consumidor para convertirte en un polinizador. Dios se está moviendo. Fijaré la reunión para esta noche. Recuerda llevar la invitación.

Notas

1. Salmo 37:23-24 (LBLA).
2. Proverbios 25:28; 4:14, 16, 23 (LBD).
3. Lee Santiago 3:3-10.

CAPÍTULO 8

La MISIÓN

LOS 7 PILARES DEL ÉXITO

Esa tarde me llevaron al centro de formación internacional donde la mesa redonda original se colocó dentro de una gran habitación en forma de torre. Estaba impresionado. Los siete socios estaban allí. John, Bob, Ernie, JR y Bernie estaban sentados a la mesa redonda de conferencias. Dennis y Ed volaron hasta el lugar también. Asimismo, Jerry se encontraba sentado. Fue el primero en hablar.

—Bueno, Néstor, cuando te conocí en West Palm Beach supe que Dios estaba haciendo algo especial. Te dije en California que yo fui el primer fruto de este mensaje. Ahora estoy seguro de saber el propósito de tu viaje.

Me dieron la bienvenida y pidieron que me les uniera en la mesa redonda. Una ola de emoción avanzaba poco a poco en su camino hacia la orilla y estaba a punto de chocar. John tomó un martillo de madera de nogal y abrió la sesión.

—Hace muchos años nos reunimos todos con las expectativas de cambiar nuestro mundo como hombres de negocios. Esa fue la primera Reunión

Hace muchos años nos reunimos todos con las expectativas de cambiar nuestro mundo como hombres de negocios. Esa fue la primera Reunión de las Águilas.

de las Águilas. Ahora, le hemos contado nuestra historia a Néstor y nos reunimos una vez más para cambiar el mundo. Néstor, por favor, háblanos acerca de esta semana pasada.

Me detuve un momento con el fin de recopilar mi torbellino de pensamientos. Le di las gracias a cada uno de los hombres por sus conocimientos profundos. Tomé la invitación de mi maletín y lo puse sobre la mesa. El exterior del sobre decía: «Estás invitado a la Reunión de las Águilas». Comenzaba a tener más sentido cada vez que lo leía. Esta era una invitación para cambiar mi vida.

Busqué mis notas. Bernie preguntó si podía grabar la reunión para que todos pudiéramos escucharla de nuevo.

—Cuando me reuní con todos ustedes esta semana, tuve la oportunidad de ver la fortaleza de cada uno de los siete pilares. Lo que es más, me mostraron mis debilidades y me encontré con siete enemigos que plagaban mi alma. Cada uno de los siete pilares arrojó la luz de la verdad en mi corazón. No solo veo lo mucho que necesitaba saber y hacer, sino que pude ver lo que no debía hacer.

»Ahora sé que tengo que experimentar una transformación personal. Tengo que entrar en mi propia crisálida. Tengo el conocimiento en mi cabeza, pero no en mi corazón. He visto de primera mano que un principio es algo que una persona reconoce como verdad. Ahora entiendo que un valor es cuando la persona hace que la verdad sea parte de su ser. Necesito más. Tengo que echar a los viejos deseos y hábitos que me han invadido durante todos estos años. Entiendo cómo se renueva mi mente, pero me pregunto: ¿Cómo se puede renovar el corazón? ¡Necesito transformación! La renovación de mi mente y mi corazón.

John fue el siguiente en hablar.

—Néstor, el corazón trabaja de forma diferente a la mente. La mente se renueva por el poder de la elección. El corazón se renueva por el poder del compromiso. Debes establecer un convenio entre tu mente y tu corazón. Cuando haya una verdadera transformación, tu mente y tu corazón producen una nueva creación, muy parecida a la que sucede en la mariposa. Nunca se puede volver de nuevo al

> La mente se renueva por el poder de la elección. El corazón se renueva por el poder del compromiso.

estado anterior. Una mariposa nunca puede volver atrás y convertirse en una oruga. ¡El corazón cambió para siempre!

—¡¡Ahora lo veo!! —dijo Néstor—. Tengo que hacer un voto. En América Latina, esa es la forma más alta de compromiso. Lo llamamos Sacramento. Ah, esa es la clave. Lo veo con mucha claridad. Haré de cada uno de estos pilares un voto personal en mi corazón.

—Néstor, ¿cuál es entonces tu primer voto? —le preguntó John.

—Prometo ser honesto y resistir a los enemigos de la mentira, el engaño y el robo.

—Perfecto —dijo John—. Ahora quisiera sellar esta promesa. Vivimos en un mundo de compromiso. Estamos eliminando los absolutos. "Señor, por favor, enseña a Néstor para que elija un buen nombre en lugar de riquezas. Ayúdalo a insertar el pilar de la honestidad en su corazón. Ayúdalo a no volver a negociar su herencia por gratificación inmediata. Él sabe que tú exiges equidad en cada transacción y que estás llevando la cuenta. Dale un corazón sincero y una mente sana a fin de que pueda juzgar de manera justa y recta. Ayúdalo a traer honor a tu Reino de modo que le conozcan como una persona de palabra. Dale el valor para marcar una diferencia. Cuando vea la falta de honradez en su mundo, ayúdalo a influir en todos para que comprendan la bendición que viene con la honestidad. Permítele que les dé a conocer esta verdad a los jóvenes y los ancianos por igual. Lo pusiste en una arena de influencia, ahora dale la valentía para compartir esa influencia en la vida de muchas personas".

Cuando John terminó, el silencio y la calma ahogaron el murmullo de nuestras voces.

—Néstor, ¿cuál es tu segundo voto? —preguntó Bob poniéndose de pie.

—Prometo ser generoso y resistir al enemigo de la codicia.

Bob miró directo a mis ojos y con suavidad dijo cada palabra con sinceridad.

—Nuestro mundo se ha olvidado de cómo dar. Lo sé, lo veo y estuve allí. Néstor, tu voto de la generosidad abrirá las compuertas de la bendición; no solo en tu vida, sino en las naciones. Al

> Cuando John terminó, el silencio y la calma ahogaron el murmullo de nuestras voces.

regar a los demás te regarás a ti mismo. "Señor, por favor, establece en Néstor la bendición de la generosidad. Permítele dar gratuitamente debido a las cosas que recibió gratuitamente. Que recoja la cosecha de tu principio de la siembra y la cosecha. Multiplícale sus esfuerzos mientras aprende a soltar. ¡Enséñale a Néstor a soltar! Enséñale lo que aprendió el agricultor. Dale la capacidad de soltar la semilla que tiene en su mano. Permítele sembrar su tiempo. Haz que le parezca que hay más horas en cada día. Permítele que enseñe el principio de los primeros frutos. Al darte a ti primero, se multiplicarán sus esfuerzos. Cuando vea la necesidad, libera en su vida el espíritu de generosidad para satisfacer esa necesidad, sin importar lo pequeño que parezca. Dale ojos para ver las necesidades que le rodean cada día. Dale oídos para que escuche los gritos de los indefensos, los huérfanos y las viudas. Que cada día sea un testimonio del pilar de la generosidad. Expulsa de su vida cualquier sombra de avaricia".

—Néstor Ochoa, ¿cuál es tu tercer voto? —preguntó Ernie saltando de su asiento en un arranque de energía.

—Prometo trabajar duro y resistir al enemigo de la pereza.

—Néstor —la voz de Ernie era fuerte y conmovedora—, debes encontrar la felicidad en el servicio. El siervo es el más grande. Este voto de trabajo duro es fuerte, pero también tiene que ver con el gozo que viene de servir. Haz las pequeñas cosas que importan.

Entonces, Ernie dijo estas palabras: «Gracias, Señor, por darle a Néstor otro día para expresarle su don al mundo. ¿Y cómo se hace esto? Al trabajar duro y hacer que cada momento cuente. Permite que elija ser un testimonio del trabajo duro y del servicio. Permítele que elija dar más de lo que se le pide. No porque lo haga para el hombre, sino porque lo hace para honrar tu principio eterno. Dale cada día a Néstor la oportunidad de servir. Desarrolla en él la reputación de ser un siervo, alguien que siempre está dando más de lo que se le pide. Dale la oportunidad de sudar y trabajar para tu gloria. Que tus bendiciones se manifiesten mientras se para firme en esta verdad: el trabajo duro y la capacidad para el trabajo duro son dones tuyos. Tu Reino se

> Este voto de trabajo duro es fuerte, pero también tiene que ver con el gozo que viene de servir.

compone de personas productivas como Néstor, que hacen las cosas de corazón, como para el Señor». En contraste con el entusiasmo de Ernie, JR habló a través del temblor emocional de su voz.

—Néstor, ¿cuál es tu cuarto voto?

—Prometo ser humilde y resistir al enemigo del orgullo.

—El orgullo te destruirá si no lo derrocas —continuó JR hablando de corazón—. El orgullo te arrastra de forma inesperada. Debes ser ejemplo. "Señor, ayuda a Néstor a poner en práctica la virtud de la humildad. Ayúdalo a hacer que las personas se sientan importantes y amadas. Ayúdalo a comprender esta verdad: ¡La humildad solo se ve cuando nos comparamos contigo! Eres el creador de todas las cosas visibles y no visibles. Le has dado a Néstor cada día para que pueda mostrar tu amor incondicional y preocupación por todos. Sus ojos se han abierto para ver la belleza de la naturaleza. Permite que Néstor se someta a ti y te pido que lo guíes en cada transacción tanto de negocio como personal. Toma tu cincel y esculpe tu imagen en su vida. Mientras promete ser humilde, expulsa el orgullo que es enemigo de la humildad. Ayúdalo a transformarse a tu imagen".

Después, Dennis se acercó y puso sus manos sobre mis hombros.

—Néstor, soy un oportunista. Eso puede hacerme impulsivo. ¿Cuál es tu quinto voto?

—Prometo planear con anticipación y resistir al enemigo de la impulsividad.

—Dios te ayudará, Néstor. "Señor, pusiste tu plan en acción desde que creaste la tierra. Reconozco que eres el estratega supremo. Comprendiste el plan para la humanidad, las eras pasadas y los siglos venideros. Lo planeaste para la eternidad. Enséñale a Néstor a hacer lo mismo. Destruye su impulsividad. Permítele ser eficiente al gobernar su vida. Enséñale a planificar, no solo sus negocios, sino también a planificar de manera eficaz las necesidades de su familia. Ayúdalo para que le conozcan como una persona que escribe las cosas y no solo confía en

Mientras promete ser humilde, expulsa el orgullo que es enemigo de la humildad. Ayúdalo a transformarse a tu imagen.

su memoria frágil. Ayúdalo a planificar su trabajo y después a trabajar su plan. Cuando comience proyectos, ayúdalo a seguirlos hasta el final. Permite que escuche estas palabras un día: 'Bien, siervo bueno y fiel'[1]. Haz que sea un planificador sabio a medida que se compromete a planificar siempre y a nunca volver a ser impulsivo. Ilumina su alma".

> **Todos habían desarrollado calidad de vida, pero seguían creyendo en el Señor que los fortalecía.**

Estos hombres siguieron vertiendo sus corazones para fortalecerme y refinarme. Cuarenta años de experiencia. Todos habían desarrollado calidad de vida, pero seguían creyendo en el Señor que los fortalecía. Hacían estas peticiones por mí y por mi nación.

—Néstor, ¿cuál es tu sexto voto? —dijo Ed poniéndose de pie.

—Prometo ser un hombre con sentido común y resistir al enemigo de la confusión.

—Has elegido un camino superior de pensamiento —dijo Ed a continuación—. Muchas veces, nuestro mundo se vuelve borroso con aspectos de compromiso y confusión. "Señor, por favor, dale a Néstor dominio propio y la capacidad de escuchar tu voz clara y concisa del sentido común. Permite que vea los límites negros y blancos que has plantado ante él. Que la sabiduría reine en su corazón a fin de que sea capaz de actuar y reaccionar como es debido. Desarrolla sus ojos espirituales para que pueda ver y oídos para que pueda escuchar tu apacible y delicada voz. Dale el don del conocimiento de la revelación. Muéstrale que tú eres el revelador de todas las cosas. Mientras este voto del sentido común toma control de su vida, dale un nuevo recurso de modo que pueda juzgar los motivos y métodos para atraer a un equipo con sentido común basado en el sistema de valores de Dios. Dale la percepción y la intuición que le permitirá ver el motivo detrás de todos los asuntos y acontecimientos. Permite que juzgue todas las cosas a la luz de la eternidad. Enséñale a escuchar antes de hablar. Mientras se convierte en una persona con sentido común, permítele escuchar tu voz de sabiduría".

—Señores, esta tierra es santa —dijo Bernie cuando terminó Ed—. No solo se dicen palabras. Estas son profecías de Dios que destruyen a los enemigos. Néstor, ¿cuál es tu voto final?

—Prometo tener dominio propio y resistir al enemigo del exceso.

—Perfecto. Se dice que las zorras pequeñas arruinarán las viñas[2]. Lo mismo puede decirse de las palabras, acciones y decisiones que pueden destruir tu constitución personal. El exceso destruye a las personas, familias y naciones. Los seis votos que hiciste proporcionarán una base sólida. ¡El séptimo voto lo protegerá! "Señor, ayuda a Néstor para que vea con claridad los dispositivos del enemigo. Permite que su carácter sea su protección. Que el dominio propio continúe siendo la piedra angular de su forma de pensar. Ayúdalo a controlar sus palabras, a contener sus emociones. Que sea rápido en ponerse de acuerdo con sus adversarios. Que su blanda respuesta quite su ira[3]. Enséñale el poder del dominio propio. Ayúdale a proteger sus sentimientos. Ayúdalo a buscar tu voluntad y propósito cuando enfrente cualquier obstáculo o situación. Gracias por desarrollar en él una constitución construida sobre tus pilares del éxito. Que estos siete pilares lo guíen como una brújula y que los siete votos destruyan a los enemigos de la promesa".

Señores, esta tierra es santa. No solo se dicen palabras. Estas son profecías de Dios que destruyen a los enemigos.

Un encanto sagrado de silencio se cernió entre nosotros cuando Bernie terminó. Saqué el monumento de mármol con los siete pilares y lo coloqué en el centro de la mesa redonda.

—Los siete pilares están en su lugar —declaró John—. Permite que ahora pasen de tu mente a tu corazón. Néstor, si vives estos votos de los que hablaste, tu vida se transformará de veras. Los confesaste con tu boca y ahora tienes que creerlos en tu corazón. Has encontrado la esencia del Reino de Dios. Has descubierto la ley del valor. Cualquier cosa de valor debe preservarse, protegerse y ponerse en uso.

Bernie me entregó la grabación de este santo encuentro.

—Néstor —dijo luego John—, quiero pronunciar una bendición sobre ti.

Señor:
Hace muchos años que comenzaste una obra en nuestras vidas.
Tú nos has bendecido y nos has dado riquezas que van más allá de

nuestra imaginación. Ahora le pasamos esta bendición a Néstor. Permite que cuente esta historia y que toque vidas que nunca veremos. Que influya en personas que nunca conoceremos y en naciones a las que nunca viajaremos. Le damos la libertad para que narre nuestra historia. Ahora lanzamos la invitación a la mesa del banquete de la sabiduría. Permite que las personas escuchen estas palabras y puedan cambiar. Que escuchen la voz de la sabiduría. Tú nos confirmaste que muchas personas están dispuestas a recibir. ¡Llegó el momento!

—Los pilares del éxito son verdad —añadió Bernie a continuación—. Ahora pondrás en marcha tus votos. Néstor, comunica esta verdad en el campo de los negocios, la política y la educación de América Latina. Restaura el carácter ético de Dios en tu nación. La verdad siempre dará resultado en cada situación. La verdad destruirá los siete enemigos.

> **Comunica esta verdad en el campo de los negocios, la política y la educación de América Latina. Restaura el carácter ético de Dios en tu nación.**

Sentí la presencia de Dios. La sensación vino primero a mi estómago y pude percibir que comenzaba a elevarse. Empecé a reclamar estas verdades como mías.

Ahora entiendo la crisálida.

Mientras experimento la transformación en mi propia vida primero, surgiré como una nueva creación. Prepararé a otros a fin de que hagan lo mismo.

No es mi voluntad, sino que es la voluntad de Dios. Él me ha dado una nueva voluntad.

En este momento, siento que se levanta en el centro de mi ser mientras escribo estas palabras...

Una sensación entró en erupción dentro de mí. Comencé a temblar a medida que el poder de Dios y la verdadera transformación emergían a través de mi ser. Estoy evolucionando, a fin de que nunca más vuelva a mi antiguo estado. Una mariposa y ya no una oruga. Nunca jamás volveré a mi estado anterior. Estoy experimentando una verdadera transformación: ¡de mi mente y mi corazón! Ahora entiendo que con el fin de sostener el cambio debo ser transformado por la renovación de mi mente; ya no me amoldaré al mundo actual.

Luego, Ernie recogió el sobre y me lo entregó. Lo sostuve en mis manos temblorosas mirando el sello amarillento manchado por el tiempo. Levanté la cabeza para mirar una vez más los rostros de estos hombres que representaban cada pilar para mí. Cada uno asintió con la cabeza en que era el momento de abrir esta pequeña cápsula del tiempo guardado hace veinticuatro años. Rompiendo el sello, saqué con cuidado el papel y desplegué su mensaje:

«Estás invitado a cambiar el mundo... Estás invitado a la reunión de las águilas».

Jerry fue el último en hablar.

—Cuando conocí hace años a estos siete hombres, sabía que algo especial sucedió en esta mesa redonda. Una vez que compré mi franquicia, pensé que iba a volver y conseguir otros seis socios al igual que ustedes. Sin embargo, eso no iba a ser posible. En su lugar, logré encontrar gente de negocios que sufría al igual que yo y que estaba desesperada por experimentar el cambio y la transformación en la vida y en los negocios.

»Como ya había asumido el liderazgo de La Red y de *Global Priority*, seguía diciendo dos palabras una y otra vez: "¡Solo Dios!". Ustedes como equipo fueron la primera generación. John, eres como Moisés. Sabía que mi trabajo era encontrar la próxima generación; la generación de Josué. Estos son los nuevos líderes que están dispuestos a tomar la tierra. ¡Está sucediendo en el mundo entero! Néstor, ¿estás listo para ser comisionado?

—¡Sí, señor! —le dije a Jerry.

—Tienes en tus manos los siete pilares del éxito. Te reuniste con los hombres que han vivido este mensaje y ahora has visto sus corazones.

> Logré encontrar gente de negocios que sufría al igual que yo y que estaba desesperada por experimentar el cambio y la transformación en la vida y en los negocios.

Conociste a nuestras familias y cómo esta semilla se reproduce en la vida de nuestros hijos y nietos. Confesaste siete votos que no solo borra tu pasado, ¡sino que lo desplazará! Puedes poseer la tierra. Recibirlos... injertarlos. Néstor, haz de ellos una parte de tu proceso.

»Te reto a vivir tus votos y a capacitar a las personas de modo que experimenten el milagro de la crisálida. Se convertirán en nuevas creaciones. Tú eres el primero de muchos... hombres y mujeres de valor, líderes y solucionadores de problemas. Creo que atraerás y encontrarás el favor de grandes líderes de nuestro tiempo y que prepararás a los que harán lo mismo en América Latina. A partir de ahí, duplica este mensaje a los que están preparados en todo el mundo.

Te reto con el don que me dieron para establecer los siete pilares. Está escrito:

El que venciere será vestido de vestiduras blancas.
El que venza, yo le haré columna en el templo de Dios[4].

Una vez más sentí un estallido audible. Fue como si todo se estuviera confirmando en los cielos.

Nota
1. Mateo 25:23 (LBLA).
2. Lee Cantares 2:15 (LBLA).
3. Lee Proverbios 15:1 (RV-60).
4. Apocalipsis 3:5, 12 (RV-60).

LOS 7 VOTOS DEL ÉXITO

LOS 7 PILARES DEL ÉXITO

Ahora tengo cuarenta años de edad. Bernie y yo estamos de pie junto a la tumba de John Schrock. Murió en noviembre de 2011 y está enterrado justo detrás de la iglesia.

«Néstor, John nos retó a cambiar el mundo. Desde su muerte, Jerry está convencido de que vamos a caminar en la unción de Josué. Es el momento de tomar la tierra... ¿Cómo te sientes?».

«Bueno, Bernie, veo con mucha claridad cómo ese viaje hasta aquí se ha convertido en mi piedra de toque. Mi vida se puede clasificar con facilidad en dos partes: antes de mi exposición a los pilares del éxito y después de mi exposición a los pilares. Me encuentro trazando la distancia entre la vida abandonada que dejé y el Néstor que está dentro de mí ahora.

»Cuando me fui a casa, tomé la grabación que me diste y escribí cada uno de mis votos y las palabras que todos hablaron sobre mí. Los hice personal para que pudiera leerlos cada día. Entonces, empecé a capacitar jóvenes y viejos por igual. He leído los votos una y otra vez desde que dejé Ohio y creo que mi trabajo es realizar su proclamación.

»Una de las revelaciones que he tenido es que todos los votos se diseñaron para darme la capacidad de gobernarme a mí mismo. La capacidad de decir "no" a muchas de las cosas a las que antes les diría "sí". Cada pilar

Una de las revelaciones que he tenido es que todos los votos se diseñaron para darme la capacidad de gobernarme a mí mismo.

representa una faceta del autogobierno. El autogobierno es la forma más alta de gobierno.

»Una tarde, estaba examinando mis opciones para el día y me di cuenta de que la palabra más poderosa en nuestra lengua es "no". Siempre vi esta palabra como algo negativo. Soy una persona tan positiva que odiaba la palabra "No". Sin embargo, ahora reconozco que la palabra "no" me da el poder y la capacidad de refrenar y controlar. Esa es la manera de superar los mismos pensamientos y las acciones que me han atormentado durante años. ¡Era como si Dios me estuviera enseñando a mí, Néstor Ochoa, para que viera cómo la palabra "no" es tan importante como la palabra "sí!"!

»Incluso, mis iniciales son N.O. ¡Forman la palabra no! Esta es una revelación, Bernie. Escucha esto, mi esposa Nalii, mi hijo Nelvin y mi hija Nicole también tienen las mismas iniciales... N.O. Cuando empecé mi viaje hace un año en busca de la clave del éxito, ¿cómo me hubiera imaginado que podría estar de manera tan poderosa en mi capacidad de aprender a decir "no"?

»Ahora, puedo decir NO a esos pensamientos, acciones y hábitos que han afectado a mi destino. Ahora, como estoy enseñando estos votos, soy capaz de explicar que estos son los votos de compromiso que no solo traerán la reformación, sino que traerán la transformación de América Latina y del mundo. ¡¡¡También soy capaz de explicar que la transformación comienza conmigo!!! Al cambiarme a mí mismo, tengo la autoridad para ayudar a otros a cambiarse a sí mismos. Metamorfosis... ¡¡¡El gran cambio!!!

»En estos momentos, estamos transmitiendo los siete votos en *LifeDesign TV*. Federico Victoria reservó el tiempo y se les está comunicando el mensaje a millones de personas cada semana. Los resultados son sorprendentes. El mensaje es muy sencillo, pero muy poderoso.

»Sigo invitando personas a la Reunión de las Águilas y me comprometo contigo, con Jerry y con tus compañeros a que siempre voy a hacer la invitación. Estoy preparando a todo el que esté dispuesto a escuchar acerca de estos siete votos del éxito y la importancia de este compromiso. Juntos, muchos han experimentado de primera mano lo que es desplazar los aspectos problemáticos en la vida... aprendiendo a decir "no".

»Este movimiento se multiplica ahora a medida que otros aceptan el reto de ser transformados. Siempre estaré agradecido por esa revelación y la transparencia que ha logrado. En realidad, creo que ahora camino en el propósito que Dios creó para mí. Como ya he dicho antes, en América Latina no tomamos la palabra voto a la ligera. Es un compromiso solemne y solo se utiliza cuando uno experimenta algo que cambia la vida, un verdadero Sacramento. Nos han cultivado durante estos últimos cinco siglos y estamos preparados para recibir la semilla de un nuevo reino, el Reino de Dios. Te prometo que pondré las semillas de la transformación en este suelo fértil y creeré en su incremento. ¡Llegó el momento!».

> Este movimiento se multiplica ahora a medida que otros aceptan el reto de ser transformados. Siempre estaré agradecido por esa revelación y la transparencia que ha logrado.

MI RETO PARA TI

Ahora, Néstor Ochoa, le ofrezco al lector la misma sencilla invitación. Pongo en tus manos los siete votos del éxito y te pido que les des un buen uso. Creo que vas a ser capaz de ver el valor de la oportunidad de cambiar tus pensamientos día a día y semana a semana. Aprende lo que he aprendido yo, toma estos principios y dale el soplo de vida, un soplo de sencillez.

Estos votos son para que se practiquen y se actúe en consecuencia, no para que se dejen suspendidos en el ámbito de las ideas que flotan y las intenciones nubladas. Ahí es donde se magnifica el valor. A medida que tus ojos recorren estas últimas páginas de izquierda a derecha, reconoce el poder y el potencial que tienen estas palabras en tu interior. En las próximas siete semanas verás que Dios te está enviando un mensaje. Lee cada voto durante siete días. Comenzarás a experimentar tu metamorfosis personal. Se llevará a cabo un gran cambio. Te invito personalmente a la Reunión de las Águilas. ¡Te desafío a ser grande!

Sinceramente,

N.O.

PRIMERA SEMANA | EL PRIMER VOTO

PROMETO SER HONESTO Y RESISTIR A LOS ENEMIGOS DE LA MENTIRA, EL ENGAÑO Y EL ROBO.

Vivimos en un mundo de compromiso que está eliminando los absolutos. «Señor, por favor, enséñame a elegir un buen nombre en lugar de riquezas. Ayúdame a insertar el pilar de la honestidad en mi corazón. Ayúdame a nunca negociar mi herencia por gratificación inmediata. Sé que tú exiges equidad en cada transacción y que estás controlando mis decisiones. Dame un corazón sincero y una mente sana a fin de que pueda juzgar de manera justa y recta. Ayúdame a traer honor a tu Reino de modo que me conozcan como una persona de palabra. Dame el valor para marcar una diferencia. Cuando vea la falta de honestidad en mi mundo, ayúdame a influir en todos para que comprendan la bendición que viene con la honestidad. Permíteme darles a conocer esta verdad a los jóvenes y los ancianos por igual. Me pusiste en una arena de influencia, ahora dame la valentía para compartir esa influencia en la vida de muchas personas».

EL PILAR DE LA HONESTIDAD

∽∘∽

Es mejor ser pobre y honrado que rico y estafador. Una pequeña ganancia obtenida honradamente es mejor que grandes riquezas habidas por medios ilícitos. El Señor exige honradez en todas las cosas. Él estableció este principio.

☐ _____

☐ _____

☐ _____

☐ _____

☐ _____

☐ _____

☐ _____

CONTROL DE LECTURA DIARIA

L	M	M	I	V	S	D

SEGUNDA SEMANA | EL SEGUNDO VOTO

PROMETO SER GENEROSO Y RESISTIR AL ENEMIGO DE LA CODICIA.

Nuestro mundo se ha olvidado de cómo dar. Lo sé, lo veo y estuve allí. Mi voto de generosidad abrirá las compuertas de la bendición; no solo en mi vida, sino en las naciones. Al regar a otros me regaré a mí mismo. «Señor, permíteme dar gratuitamente debido a las cosas que he recibido gratuitamente. Ayúdame a entender tu principio de la siembra y la cosecha. Multiplica mis esfuerzos mientras aprendo a soltar. ¡Enséñame a soltar! Enséñame lo que aprendió el agricultor. Ayúdame a soltar la semilla que tengo en mi mano. Permíteme sembrar mi tiempo. Haz que me parezca que hay más horas en cada día. Permíteme entender el principio de los primeros frutos. Al darte a ti primero, se multiplicarán mis esfuerzos. Cuando vea la necesidad, libera en mí el espíritu de generosidad para suplir esa necesidad. Dame ojos para ver las necesidades que me rodean cada día. Dame oídos para escuchar los gritos de los indefensos, los huérfanos y las viudas. Que cada día sea un testimonio del pilar de la generosidad. Expulsa de mi vida cualquier sombra de avaricia».

EL PILAR DE LA GENEROSIDAD

✾

No seas vanidoso, seguro de tu propia sabiduría. Por el contrario, confía plenamente en el Señor y reveréncialo, y apártate del mal; si así lo haces, se te renovarán la salud y la vitalidad. Honra al Señor dándole la primera porción de todos tus ingresos, y Él llenará tus graneros de trigo y cebada hasta rebosar, y tus barriles de los mejores vinos.

☐ _____

☐ _____

☐ _____

☐ _____

☐ _____

☐ _____

☐ _____

TERCERA SEMANA | EL TERCER VOTO

PROMETO TRABAJAR DURO Y RESISTIR AL ENEMIGO DE LA PEREZA.

El siervo es el más grande. Mi voto de trabajo duro es fuerte, pero también tiene que ver con el gozo que viene de servir, haciendo que las pequeñas cosas importen.

«Gracias, Señor, por darme otro día para expresarle mi don al mundo. ¿Y cómo haré esto? Al trabajar duro y hacer que cada momento cuente. Permíteme que elija ser un testimonio del trabajo duro y del servicio. Permíteme que elija dar más de lo que se me pide. No porque lo haga para el hombre, sino porque lo hago para honrar tu principio eterno. Dame cada día la oportunidad de servir. Desarrolla en mí la reputación de ser un siervo, alguien que siempre está dando más de lo que se me pide. Dame la oportunidad de sudar y trabajar para tu gloria. Que tus bendiciones se manifiesten mientras me paro firme en esta verdad: el trabajo duro y la capacidad para el trabajo duro son dones tuyos. Tu Reino se compone de personas productivas que hacen las cosas de corazón, como para el Señor».

EL PILAR DEL TRABAJO DURO

La ganancia mal adquirida no produce felicidad duradera; la vida honrada sí. ¿Conoces a algún hombre trabajador? ¡Tendrá éxito y se codeará con los reyes! Los perezosos empobrecen pronto; los que trabajan empeñosamente se enriquecen. Trabaja con empeño y serás dirigente; sé perezoso y nunca triunfarás. El joven prudente aprovechará la ocasión; pero qué pena da ver al que se duerme y deja pasar la oportunidad.

CONTROL DE LECTURA DIARIA

L	M	M	J	V	S	D

113

CUARTA SEMANA | EL CUARTO VOTO

PROMETO SER HUMILDE Y RESISTIR AL ENEMIGO DEL ORGULLO.

El orgullo te arrastra de forma inesperada. Yo debo servir como ejemplo. «Señor, ayúdame a poner en práctica la virtud de la humildad. Ayúdame a hacer que las personas se sientan importantes y amadas. Ayúdame a comprender esta verdad: ¡La humildad solo se ve cuando nos comparamos contigo! Eres el creador de todas las cosas visibles y no visibles. Me has dado cada día para que pueda mostrar tu amor incondicional y preocupación por todos. Mis ojos se han abierto para ver la belleza de la naturaleza. Permíteme someterme a ti y te pido que me guíes en cada transacción tanto de negocio como personal. Toma tu cincel y esculpe tu imagen en mi vida. Mientras prometo ser humilde, expulsa el orgullo que es enemigo de la humildad. Ayúdame a transformarme a tu imagen».

EL PILAR DEL HUMILDAD

∽∾

La humildad y el respeto hacia el Señor llevan al hombre a la riqueza, a la honra y a una larga vida. Cuando el hombre procura agradar a Dios, Dios hace que hasta sus peores enemigos estén en paz con él. Ya que el Señor dirige nuestros pasos, ¿por qué tratar de comprender cuanto ocurre en el camino?

☐ _____

☐ _____

☐ _____

☐ _____

☐ _____

☐ _____

☐ _____

CONTROL DE LECTURA DIARIA | L | M | M | I | V | S | D

QUINTA SEMANA | EL QUINTO VOTO

PROMETO PLANEAR CON ANTICIPACIÓN Y RESISTIR AL ENEMIGO DE LA IMPULSIVIDAD.

Yo soy oportunista. Eso puede hacerme impulsivo. «Señor, pusiste tu plan en acción desde que creaste la tierra. Reconozco que eres el estratega supremo. Comprendiste el plan para la humanidad, las eras pasadas y los siglos venideros. Lo planeaste para la eternidad. Enséñame a hacer lo mismo. Destruye mi impulsividad. Permíteme ser eficiente al gobernar mi vida. Enséñame a planificar, no solo mis negocios, sino también a planificar de manera eficaz las necesidades de mi familia. Ayúdame para que me conozcan como una persona que escribe las cosas y no solo confía en su memoria frágil. Ayúdame a planificar mi trabajo y después a trabajar mi plan. Cuando comience proyectos, ayúdame a seguirlos hasta el final. Permíteme que escuche estas palabras un día: "Bien, siervo bueno y fiel". Haz que sea un planificador sabio a medida que me comprometo a planificar siempre y a nunca volver a ser impulsivo. Ilumina mi alma».

EL PILAR DE LA PLANIFICACIÓN EFICAZ

~o~

Toda empresa tiene por fundamento planes sensatos, se fortalece mediante el sentido común, y prospera manteniéndose al día en todo.

- [ ] _____
- [ ] _____
- [ ] _____
- [ ] _____
- [ ] _____
- [ ] _____
- [ ] _____

CONTROL DE LECTURA DIARIA

L	M	M	J	V	S	D

SEXTA SEMANA | EL SEXTO VOTO

PROMETO SER UN HOMBRE CON SENTIDO COMÚN Y RESISTIR AL ENEMIGO DE LA CONFUSIÓN.

He elegido un camino superior de pensamiento. Muchas veces, nuestro mundo se vuelve borroso con aspectos de compromiso y confusión. «Señor, por favor, dame dominio propio y la capacidad de escuchar tu voz clara y concisa del sentido común. Permíteme ver los límites negros y blancos que has plantado ante mí. Que la sabiduría reine en mi corazón a fin de que sea capaz de actuar y reaccionar como es debido. Desarrolla mis ojos espirituales para que pueda ver y oídos para que pueda escuchar tu apacible y delicada voz. Dame el don del conocimiento de la revelación. Muéstrame que tú eres el revelador de todas las cosas. Mientras este voto del sentido común toma control de mi vida, dame un nuevo recurso de modo que pueda juzgar los motivos y métodos. Dame la percepción y la intuición que me permitirá ver el motivo detrás de todos los asuntos y acontecimientos a través de tu sistema de valores. Permite que juzgue todas las cosas a la luz de la eternidad. Enséñame a escuchar antes de hablar. Mientras me convierto en una persona con sentido común, permíteme escuchar tu voz de sabiduría».

EL PILAR DEL SENTIDO COMÚN

∽○∽

El hombre que discierne entre el bien y el mal y tiene buen juicio y sentido común es más feliz que el inmensamente rico, porque esa sabiduría es mucho más valiosa que las joyas preciosas. Nada puede comparársele.

☐ _____

☐ _____

☐ _____

☐ _____

☐ _____

☐ _____

☐ _____

CONTROL DE LECTURA DIARIA	L	M	M	J	V	S	D

SÉPTIMA SEMANA | EL SÉPTIMO VOTO

PROMETO TENER DOMINIO PROPIO Y RESISTIR AL ENEMIGO DEL EXCESO.

Se dice que las zorras pequeñas arruinarán las viñas. Lo mismo puede decirse de las palabras, acciones y decisiones que pueden destruir mi constitución personal. El exceso destruye a las personas, familias y naciones. Los seis votos que hice proporcionarán una base sólida. ¡El séptimo voto lo protegerá! «Señor, ayúdame para ver con claridad los dispositivos del enemigo. Permite que tu carácter sea mi protección. Que el dominio propio continúe siendo la piedra angular de mi forma de pensar. Ayúdame a controlar mis palabras, a contener mis emociones. Ayúdame a ser rápido en ponerme de acuerdo con mis adversarios. Que mi blanda respuesta quite la ira. Enséñame el poder del dominio propio. Ayúdame a proteger mis sentimientos. Ayúdame a buscar tu voluntad y propósito cuando enfrente cualquier obstáculo o situación. Gracias por desarrollar en mí una constitución construida sobre tus pilares del éxito. Que estos siete pilares me guíen como una brújula y que los siete votos destruyan a los enemigos de la promesa».

EL PILAR DEL DOMINIO PROPIO

∽∘∾

El hombre que no se domina se halla tan indefenso como una ciudad con murallas derribadas. No hagas como los malvados. Evita sus guaridas. Porque los malvados no duermen hasta realizar su fechoría diaria. Por sobre todo, guarda tus sentimientos, porque ellos influyen en la totalidad de tu vida.

☐ _____

☐ _____

☐ _____

☐ _____

☐ _____

☐ _____

☐ _____

LA REUNIÓN

DE LAS

ÁGUILAS

Si realizaste este desafío, queremos hacerte
una invitación. Únete a Néstor y al equipo
a medida que el mensaje de los siete pilares
se esparce alrededor del mundo. Envíanos
un correo electrónico y te mandaremos
un hermoso Certificado Pilar que te
distingue como una persona de influencia
e integridad... un miembro de la Mesa
Redonda Global... La Reunión de las Águilas.

gatheringofeagles@lared.org

Una nota personal de
Bernie Torrence

Hace muchos años me pidieron que diera un curso de capacitación a los vendedores y empresarios de la nación de Guatemala. Trabajábamos con una compañía que se convertiría en el Centro Internacional para el Desarrollo Personal. Fui para desafiar a la gente con un verdadero testimonio del crecimiento y del éxito de nuestra compañía. Querían que les hablara del corazón de un emprendedor y les explicara los conceptos empresariales y cómo podrían utilizarlos en América Latina.

Debido a que trabajábamos principalmente con los vendedores y gerentes, pensé que sería un ejercicio maravilloso llevar los principios y valores utilizados en nuestra corporación que se inició con una inversión de siete mil dólares y llegó a venderse por quince millones de dólares en quince años. ¡Ese fue un crecimiento de valor neto de un millón de dólares al año! Esta historia, la cual involucra a mis siete socios que comenzamos el negocio, es verdadera y poderosa. Cada uno poseía un don único.

La estructura del libro que acabas de leer es fiel por completo a la versión original. Sin embargo, había un personaje de ficción con el nombre de Jorge Sánchez que vino a nuestra zona en busca de las claves para la transformación de la ética y los valores de su nación. En esa versión, Jorge fue el héroe, el estudiante, el precursor de esperanza que llevaría este mensaje a una nueva generación.

¡Puedes imaginar lo emocionado que estaba cuando en 2011 Néstor Ochoa, oriundo de Colombia, se convirtió en el Jorge Sánchez de la vida real! Su energía y entusiasmo por entender lo llevaron a indagar de veras, a fin de conocer a las ocho personas representadas en esta historia. Los entrevistó a ellos y a sus familias y, en efecto, hizo que este manuscrito cobrara vida. Como es natural, al igual que en cualquier obra de ficción, se tomaron libertades creativas en cuanto a tiempo y lugar. Aun así, la esencia de la historia y la saga de éxito son absolutamente ciertas. ¡Hubo siete pilares, hay un Néstor Ochoa de la vida real, y estos principios se están adoptando en todo el mundo!

Confío en que implementes estas verdades en tu vida como lo hace en la suya Néstor Ochoa.

ACERCA DE LOS AUTORES

Néstor Ochoa es una autoridad en psicología de liderazgo, inteligencia emocional y programación neurolingüística. Su conocimiento y experiencia en el campo del liderazgo lo han posicionado entre los mejores en la asesoría a instituciones educativas, empresas y ejecutivos en América del Norte, Central y del Sur, Europa y África mediante la reestructuración organizacional, las estrategias de liderazgo y el fortalecimiento y la transformación del talento humano. Lidera programas y proyectos enfocados en la transformación cultural de empresas e instituciones con el propósito de generar Inteligencia Moral en líderes que se dediquen a crear e implementar estrategias que mejoren la calidad de vida de personas, empresas y países.

Néstor es un ser humano agradecido y feliz como hijo, hermano, esposo, padre, amigo y ciudadano que desea que su paso por este mundo sea para dejar huellas para bien.

Dr. Bernie Torrence es empresario, autor y entrenador internacional. Comenzó su carrera profesional en la electrónica con la empresa de telecomunicaciones *Bell System*. De allí pasó a trabajar para la *Xerox Corporation*, durante el auge de la Gestión Total de la Calidad para las empresas. Usando este conjunto de habilidades únicas, se asoció con otros seis empresarios y creó la *Homes Guide of America*, que se convirtió en la mayor editorial de revistas semanales de bienes raíces en Estados Unidos. La compañía empleaba a más de mil personas. A Bernie se le honró en *Who's Who* [Quién es quién] de los grandes empresarios estadounidenses.

A los treinta y nueve años de edad, Bernie se comprometió a dedicar cinco años de su vida a la promoción de los principios del Reino de Dios con los que construyó su empresa. Su primer libro se llama *Sabiduría para los líderes de hoy*, que se ha publicado en nueve idiomas. Esta enseñanza se convirtió en la base de la *LaRed Business Network*, que era parte de la asombrosa historia de transformación en América Latina. Bernie desarrolló materiales para seminarios y entrenamientos, y escribió muchos de los seminarios.

Bernie y el Dr. David Migliore crearon el *Global Entrepreneurs Institute* [Instituto Global de Emprendedores], el cual se ha convertido en el mecanismo de capacitación formal para LaRed. En la actualidad, este instituto se encuentra en ciento dieciocho naciones. Su gozo ha sido ver crecer la capacidad de Néstor, a fin de expandir los 7 pilares del éxito.

Durante los últimos treinta años, Bernie ha viajado a través de veintisiete naciones y cinco continentes comunicando principios y valores basados en los proverbios de Salomón. Bernie ha estado casado por cuarenta y cinco años, y tiene cuatro hijos y diez nietos.